国家珍贵古籍名录·周礼

中国珍贵典籍史话丛书

25

《周礼》史话

彭林 ◆ 著

国家圖書館出版社

图书在版编目（CIP）数据

《周礼》史话 / 彭林著 . —北京：国家图书馆出版社，
2019.6
（中国珍贵典籍史话丛书）
ISBN 978-7-5013-6684-2

Ⅰ. ①周… Ⅱ. ①彭… Ⅲ. ①礼仪—中国—周代
②官制—中国—周代③《周礼》—研究 Ⅳ. ① K224.06

中国版本图书馆 CIP 数据核字 (2019) 第 043745 号

书　　名　《周礼》史话
著　　者　彭　林　著
责任编辑　张珂卿

出版发行　国家图书馆出版社（北京市西城区文津街 7 号　100034）
　　　　　（原书目文献出版社　北京图书馆出版社）
　　　　　010-66114536　63802249　nlcpress@nlc.cn（邮购）
网　　址　http://www.nlcpress.com
印　　装　北京金康利印刷有限公司
版次印次　2019 年 6 月第 1 版　2019 年 6 月第 1 次印刷
开　　本　710×1000（毫米）　1/16
印　　张　13.75
字　　数　151 千字
印　　数　1—3000 册
书　　号　ISBN 978-7-5013-6684-2
定　　价　55.00 元

# 《中国珍贵典籍史话丛书》顾问

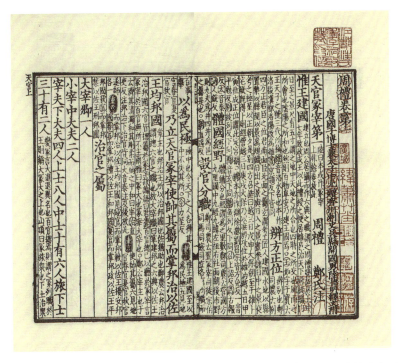

彩图一　北京大学图书馆藏宋刻本《周礼》（采自《中华再造善本》）

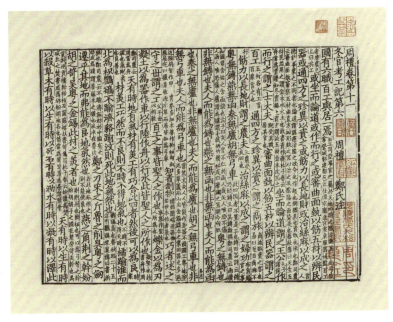

彩图二　中国国家图书馆藏宋婺州市门巷唐宅刻本《周礼》（采自《中华再造善本》）

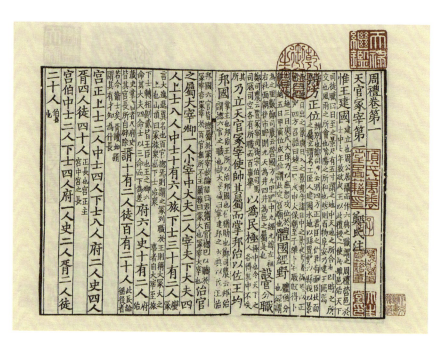

彩图三　中国国家图书馆藏金刻本《周礼》（采自《中华再造善本》）

彩图四　明嘉靖吴郡徐氏刻"三礼"本《周礼》（采自《中华再造善本》）

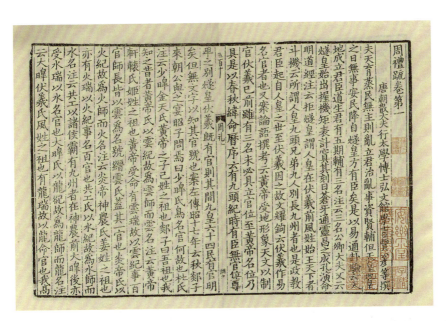

彩图五　中国国家图书馆藏宋两浙东路茶盐司刻宋元递修本《周礼疏》（采自《中华再造善本》）

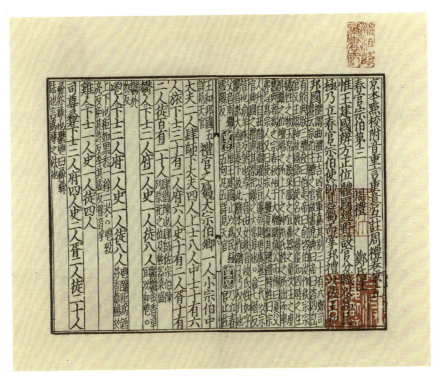

彩图六　上海图书馆、北京大学图书馆藏宋刻本《京本点校附音重言重意互注周礼》
（采自《中华再造善本》）

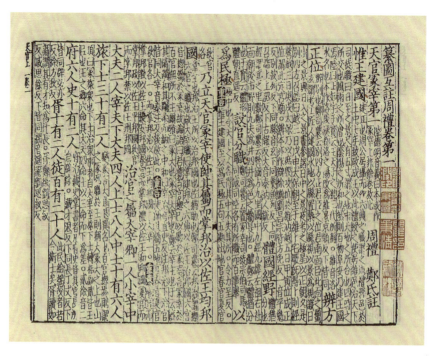

彩图七　中国国家图书馆藏宋刻本《纂图互注周礼》（采自《中华再造善本》）

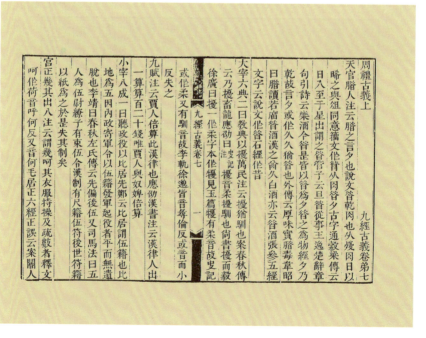

彩图八　清乾隆潮阳县署刻本《九经古义》卷第七《周礼古义》（采自《中华再造善本》）

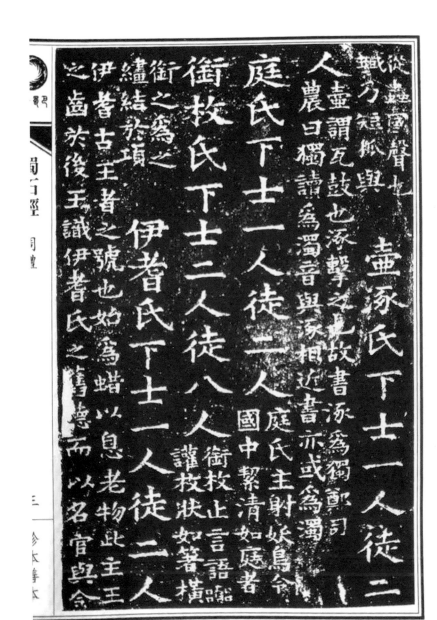

彩图九　《蜀石经·周礼》拓片（采自《巴蜀全书》之《蜀石经（四种）》）

彩图十　宋婺州刻本《周礼》（采自《古逸丛书三编》本）

彩图十一　曲阜周公庙制礼作乐坊

彩图十二　周代乡序建筑复原图（采自清华大学中国礼学研究中心）

# 《中国珍贵典籍史话丛书》序

　　书籍是记载人类文明发展历程的重要载体，是传播知识和保存文化的重要途径，它蕴藏着丰富的历史文化内涵，是人们汲取精神营养和历史经验的重要来源，在民族兴衰和文化精神的传承维系中，发挥着不可替代的作用。

　　《尚书·多士》云："惟殷先人，有册有典。"在中华民族数千年的岁月里，人们创造出浩如烟海的典籍文献。这些典籍是中华文明的结晶，是民族生存的基石和前进的阶梯。作为人类发展史上最有价值的文化遗产之一，中国古代典籍是构成世界上唯一绵延数千年未曾中断的独特文化体系的主要成分。

　　然而，在漫长又剧烈变动的历史中，经过无数次的兵燹水火、虫啮鼠咬、焚籍毁版、千里播迁，留存于世间的典籍已百不遗一。幸运的是，我们这个民族具有一种卓尔不群的品质：即对于文化以及承载它的典籍的铭心之爱。在战乱颠沛的路途上，异族入侵的烽火里，政治高压的禁令下，史无前例的浩劫中……无数的有识之士，竭尽他们的财力、智慧乃至生命，使我们民族的珍贵典籍得以代代相传，传承至今。这些凝聚着前人心血的民族瑰宝，大都具有深远的学术影响、独特的艺术魅力和突出的文物价值，是今天人们了解和学习我国优秀传统文化的宝贵实物资料。它们记载着中华民族的辉煌历史和灿烂文化，诉说着中华民族的百折不挠、临危不惧的民族精神，是先辈留给我们的宝贵精神财富。

新中国成立以来，党和国家高度重视典籍文献的保护工作。2007 年启动实施的"中华古籍保护计划"，由国家古籍保护中心（国家图书馆）负责实施，成效显著，在社会上产生了极大的反响。迄今为止，已由国务院陆续公布了四批《国家珍贵古籍名录》，收录了全国各类型藏书机构和个人收藏的珍贵古籍 11375 部，并拨付专项资金加以保护。可以说，这是一项前所未有的伟大事业。

尽管我国存世的各种典籍堪称汗牛充栋，但为典籍写史的著作却少之又少，许多典籍所蕴含的历史故事鲜为人知。如果不能及时加以记录、整理，随着时代的变迁，它们难免将逐渐湮没在历史长河中，成为中华文明传承中的一大憾事。为此，2012 年年底，国家图书馆启动了"中国珍贵典籍史话丛书"项目，旨在"为书立史""为书修史""为书存史"。项目由"中华古籍保护计划"支持立项，采取"史话"的形式，选择《国家珍贵古籍名录》中收录的蕴含着丰富历史故事的珍贵典籍，用通俗的语言讲述其在编纂、抄刻、流传、收藏过程中产生的引人入胜、启迪后人的故事，揭示其与当时的政治、经济、文化和社会发展的密切关系，力图反映中国书籍历史的辉煌与灾厄、欢欣与痛楚。通过生动、多样、丰满的典籍历史画面，使人们更深入地了解和认识典籍，领略典籍的人文精神和艺术魅力，感受中华文化的深厚底蕴。

中华优秀传统文化是我们最深厚的文化软实力。"中国珍贵典籍史话丛书"是以人们喜闻乐见的方式弘扬中华民族博大精深的灿烂文化，使书写在古籍里的文字活起来的一次有益尝试。丛书力求为社会公众提供普及读物，为广大文史爱好者和从业人员提供学习资料，为专家学者提供研究参考。其编纂主要遵循两个原则：一是遵循客观，切近史实。本丛书是关于典籍的信史、正史，而非戏说、演义。因此，每一种史话都是作者钩沉索隐、多方考证的结果，力求言之有据，资料准确，史实确凿，观点审慎；二是通俗生动，图文并茂。本丛书旨在让更多的人了解和热爱中华典籍，通过典籍深入理解中华文化。相对于一般学术著作，它更强调通俗性和生动性，以史话的方式再现典籍历史，雅俗共赏，少长咸宜。

我们真切地希望，通过这套丛书，生动再现典籍的历史，使珍贵典籍从深闺中走出来，进入公众的视野，走进每位爱书人心中，教育和启迪世人，推动"关爱书籍，热爱阅读"的社会风气的形成，让承载着中华文明的典籍在每个人心中长留悠远的书香，为提升全民族文化素养、推动传统文化与时代精神的融合发展做出积极贡献。

"中国珍贵典籍史话丛书"项目自启动以来，得到了社会各界的广泛关注和专家学者的大力支持。一批有较高学术造诣的专家学者直接参与了丛书的策划和撰稿工作，并对丛书的编纂工作积极建言献策，给予指导。借此机会，深表感谢。以史话的形式为书写史，尚属尝试，难免有疏漏、不妥之处，敬请专家学者批评指正，也欢迎广大读者提出宝贵意见和建议。

韩永进

2014 年春于北京

# 目　　录

# 自 序

《周礼》是中国文化史上的奇书，是一部通过官制体系展示治国理想的皇皇大典，体例独特，结构缜密，体大思精，宏纤毕贯，堪称前无古人、后启来者之作。

国家治理的核心要素，说到底有二：资源与人。资源包括土地，以及人类赖以生存的一切自然之物。对于人类而言，土地是祖祖辈辈耕耘的热土，是家乡，是祖国。执政者的任务，在于有效地调动民众的积极性，合理开发、利用资源，建设家园，推动社会进步。实现这一目标，需要统筹谋划的问题包括：政治中心的规划与营建、各级行政区的设定与运营；安置、组织、教育、管理四方万民的生活与生产；开源节流，保护、利用、再生山川百物等自然资源；良性地运作物资与商品的流通；组建、训练、校阅、指挥军队；划定社会生活的底线，公正地仲裁各类民事纠纷、狱讼等等。此外，整个治国方案如何与人的精神世界契合，使之更具人文色彩，也是不可忽略的主题。凡此，《周礼》作者以博大的胸襟与睿智卓识，提交了一份独特而精彩的答卷。

《周礼》的六官体系，从空间上说，象征宇宙六合，无远不届；从政务上说，涵盖了社会生活的一切；从思想上说，以人法天，熔铸儒法、阴阳五行于一炉，乃是在理想中构拟的建国蓝图。两千多年过去，尽管时过境迁，物是人非，甚至说是天地翻覆，日新月异，但有一点可以肯定，就是社会管理的基本原则是永恒的，所以古人说"天不变，道亦不变"。《周礼》提出的许多治国理念至今犹在，并且或隐或现地提醒或者影响着今天的世人。此外，面对《周礼》的博大与浩瀚，学者犹如煮海为盐，铸山为铜，无论是研究政治学、文献学、历史学，还是研究经学史、职官史、科学史、社会史、文化史、风俗史的人，都可以从这部著作中找到用之不竭的资料，以及感兴趣、有价值的课题。但凡形成于人类文明的轴心时代的作品，几乎都有这样的魅力，读者都会折服于它们的睿智卓识，从中得到教益。

《周礼》一书的真伪及其年代，自西汉起即有争议，学者的见解极形分歧。四库馆臣说："古称议礼如聚讼。然《仪礼》难读，儒者罕通，不能聚讼。《礼记》辑自汉儒，某增某减，具有主名，亦无庸聚讼。所辩论求胜者，《周礼》一书而已。"[①]读者诸君毋须为此感到不安，类似的现象在上古学术史上，可谓司空见惯。书成之后，往往不署作者姓氏；或者为了高远其说，而将自己的作品托诸古圣先贤的名下，流传至今的《黄帝内经》《管子》《鬼谷子》等书的作者，大多扑朔迷离，后世学者见仁见智，各抒己见，这是学术研究之深入所必需的，毋须匆忙作结论。坦率地说，这些争议无损于《周礼》的价值，无论如何，它至迟也是汉代的作品，仅就这一点而言，它在世界文明史上就应该占有一席之地，值得世人珍视。

《周礼》一书，古称难读，笔者在三十多年前即属意于此书，深自喜好，心知其价值难以比拟，理应成为大众的文化财富，故多年来一直希望将自己的点滴心得与文史爱好者分享。如今承蒙国家图书馆抬爱，将本书

---

① （清）永瑢等：《四库全书总目》卷十九《经部十九·礼类一》，北京：中华书局，1965 年，149 页。

的撰作下赐于我，然动笔之后，益知学识浅薄，文笔拙劣，虽黾勉从事，谬误定然不少，若蒙读者朋友指正，则幸甚幸甚！

彭　林

2018 年 6 月 30 日

于清华大学荷清苑寓所

# 第一章　《周官》与周代官政之法

　　夏、商、周三代，是中华文明的源头，所以中国人"言必称三代"。三代之中，周代吸收了夏、商二朝的精华，又加以变革、发展，创造了全新的、以道德为核心的一代典制，尤其是周初的周公"制礼作乐"，更是奠定了两千年中华文明的底色，为后人所称颂。周公是西周史的灵魂人物，是中国文化史上的"圣人"，自古有"千古宰辅第一人"的美誉。孔子说"周监于二代，郁郁乎文哉，吾从周"[1]，

图一　周公像（采自《历代古人像赞》）

便是对周代文明最高的赞叹。由于年代邈远，周代的官政之法，大多已经湮灭，因此，索隐钩沉，窥知周代文明的一斑，乃至发现"周公之典"的全文，成为历代学者梦寐以求的理想。

---

　　① 　（三国魏）何晏注，（宋）邢昺疏，朱汉民整理：《论语注疏》八佾第三，北京：北京大学出版社，2000年，39页。

# 第一节　周公制礼作乐

牧野之战，周公与太公辅佐武王灭商，历时八百年的周王朝由此登上历史舞台。始料未及的是，两年之后，武王即罹重病，危在旦夕。当时天下未集，时局动荡，王室无主，情势紧急。周公亲自向曾祖太王、祖父王季、父亲文王祷告，祈求用自己的生命替换武王去奉祀鬼神。不久，武王果然病愈，可惜好景不长，很快病故，撒手人寰。武王之位，由谁继承？成为头等大事。

殷周之际，流行"兄终弟及"的王位继承法，无弟然后才传子。周公是文王之子、武王之弟，在克商大业中，功勋赫赫，加之德行高尚，自然是众望所归，是无可争议的继统践祚之人。武王生前亦有此念，曾对周公说过"乃今我兄弟相为后"①的话。但是，周公胸怀磊落，大公无私，一心为周室的长治久安谋虑。他在深入考察殷商史之后发现，"兄终弟及"的继统法不利于社会稳定，原因是王者多妻多子，若兄弟辈都有继位之可能，则容易引起王位纷争。例如，殷代在中丁之后，弟子争相代立，出现"九世之乱"②，旷日持久，国力大损。有鉴于此，周公决定废除王位"兄终弟及"的继统法，改为"嫡长子"继承法，并以此作为法定的制度，垂

① （晋）孔晁注：《逸周书》，《景印文渊阁四库全书》（第370册），台北：商务印书馆，1986年，33页。

② （汉）司马迁著，（南朝宋）裴骃集解，（唐）司马贞索隐，（唐）张守节正义：《史记》卷三《殷本纪》，北京：中华书局，1959年，101页。

之万世。万般无奈的是，此时"成王幼，不能涖阼"①，作为武王嫡长子的成王尚在襁褓之中，年纪尚幼，没有亲政的能力。于是，周公摄政，代行天子之职。不料，周公的诸弟，以管叔、蔡叔为首，怀疑周公要篡权，他们四处散布诋毁周公的谣言，并且联络纣王之子武庚作乱。在主少国疑的危机面前，周公奉王命出击，果断地平定"管蔡之乱"，并以其雄才大略，挽狂澜于既倒，于短短数年之内，迅速平定天下，其荦荦大端有：

> 一年救乱，二年伐殷，三年践奄，四年建侯卫，五年营成周，六年制礼作乐，七年致政成王。②

由上文可知，周公摄政前四年，一年完成一件大事，大局趋稳。考虑到周人的都城宗周，偏在西隅，不利于治国、平天下，故决定东迁至"四方辐辏"之地洛邑（今洛阳附近），故第五年营建东都洛邑，亦即"成周"。眼见成王一天天长大，周公准备归还国政。鉴于成王没有治国的经验，周公亲自为之制订南面治天下的法典，史称"周公制礼作乐"。第七年，周公归政于成王，自己北面就群臣之位，体现了一位杰出政治家的磊落胸怀与高风亮节。

---

① （汉）郑玄注，（唐）孔颖达疏，龚抗云整理：《礼记正义》卷二十，北京：北京大学出版社，2000年，729页。

② （汉）伏生撰，（汉）郑玄注，（清）陈寿祺辑校：《尚书大传》附序录辨讹，北京：中华书局，1985年，101页。

## 第二节　周礼与《周官》

中国上古文化史，尊尧、舜、禹、汤、文、武、周公为"圣人"。作为连孔子都崇敬无比的周公所作的《周礼》，乃是希冀垂之万世的皇皇大典，其价值无与伦比。从常理而言，周公之典，必定是一部书诸简册的成文法，可惜不知于何时亡佚。此书如今何在？其内容又是如何？不能不点燃人们寻觅的热情。

探求周公之典的线索，最方便而可靠的文献莫过于《尚书》。这部迄今所见中国年代最早的政论文集，相传经过孔子的整理，其跨越的年代，上起于尧舜，下断于西秦，而以周代文献为最多，原本总数有百篇，每篇之前都有小序，略述撰作缘由，人称"百篇书序"。司马迁尚能见到百篇《书序》，故作《史记·周本纪》时，每每采掇成文，铺叙史事，如记武王克商后之史略：

> 乃罢兵西归，行狩，记政事，作《武成》。封诸侯，班赐宗彝，作《分殷之器物》。……初，管、蔡畔周，周公讨之，三年而毕定，故初作《大诰》，次作《微子之命》，次《归禾》，次《嘉禾》，次《康诰》《酒诰》《梓材》。……（成王在丰，周公）作《召诰》《洛诰》。……成王自奄归，在宗周，作《多方》。既绌殷命，袭淮夷，归在丰，作《周官》。兴正礼乐，度制于是改，而民和睦，颂声兴。[1]

---

[1] （汉）司马迁著，（南朝宋）裴骃集解，（唐）司马贞索隐，（唐）张守节正义：《史记》卷四《周本纪》，北京：中华书局，1959年，126—133页。

文中提到《武成》《大诰》《康诰》《酒诰》《召诰》等篇名，并明确说到周公回归自己"丰"地之后，撰有《周官》一篇。《尚书》孔安国传说："《周官》，言周家设官分职用人之法。"①可知，周公制礼作乐的结穴为《周官》篇，乃是周公为成王所作"官政大法"。

周公制礼作乐，在周代似乎是尽人皆知的大事，相关的记载，文献在在多有，如《礼记·明堂位》说：

> 武王崩，成王幼弱，周公践天子之位以治天下。六年，朝诸侯于明堂，制礼作乐，颁度量，而天下大服。七年，致政于成王。

《左传》多次提及周公制礼，如文公十八年，"先君周公制周礼曰：'则以观德，德以处事，事以度功，功以食民'"②。再如，昭公二年春，韩宣子于鲁大史氏见《易》《象》与《鲁春秋》，曰："周礼尽在鲁矣，吾乃今知周公之德与周之所以王也。"③又如，哀公十一年，引仲尼云："且子季孙若欲行而法，则周公之典在。"④言之凿凿。但是，毋庸讳言，若细味文意，可知上引诸文中提及的"周礼"，乃是指周代之礼，而非作为典籍的"《周礼》"。

周人还能见到古文《尚书》，我们读《孟子》《荀子》《吕氏春秋》等，每每可以见到引用《尚书》文句的，奇怪的是，就是没有引及《周官》

---

① （汉）孔安国传，（唐）孔颖达疏，廖名春、陈明整理：《尚书正义》卷十八，北京：北京大学出版社，2000 年，566 页。

② （晋）杜预注，（唐）孔颖达正义，浦卫忠等整理：《春秋左传正义》卷二十，北京：北京大学出版社，1999 年，576 页。

③ 同上，1172 页。

④ 同上，1662 页。

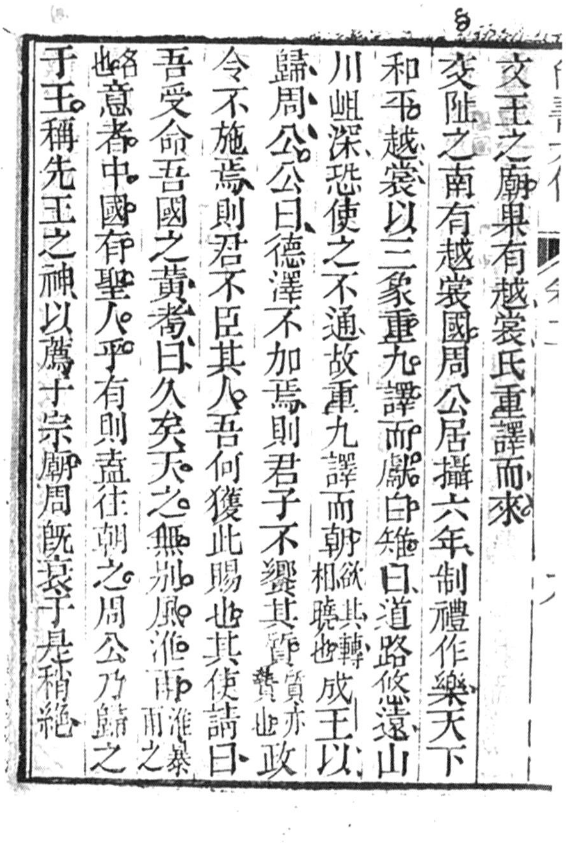

文王之廟果有越裳氏重譯而求
交阯之南有越裳國周公居攝六年制禮作樂天下
和平越裳以三象重九譯而獻白雉曰道路悠遠山
川岨深恐使之不通故重九譯而朝相曉也成王以
歸周公公曰德澤不加焉則君子不饗其質贄亦政
令不施焉則君不臣其人吾何獲此賜也其使請曰
吾受命吾國之黄耇曰久矣天之無烈風淫雨之
略意者中國有聖人乎有則盍往朝之周公乃歸之
于王稱先王之神以薦于宗廟周既衰于是稍絕

图二　哈佛大学汉和图书馆藏本《尚书大传》

片言只语的。

秦始皇焚书坑儒，《诗》《书》在严禁之列。所幸，汉初犹有伏生《尚书》在，但已亡佚泰半。《史记·儒林列传》云：

> 伏生者，济南人也。故为秦博士。孝文帝时，欲求能治《尚书》者，天下无有。乃闻伏生能治，欲召之。是时，伏生年九十余，老，

不能行。于是乃诏太常，使掌故晁错往受之。秦时焚书，伏生壁藏之。其后，兵大起，流亡。汉定，伏生求其书，亡数十篇，独得二十九篇，即以教与齐鲁之间。①

《周官》不在伏生二十九篇《尚书》②之内，可知西汉之初即已不见。唐陆德明《经典释文·序录》记载伏生《尚书》事，则说是"伏生失其本经，口诵二十九篇传授"③，由于是用汉代通行的隶书记录的，故称"今文《尚书》"。

汉成帝时，东莱张霸献出"百两篇《尚书》"，即有一百零二篇的"足本"《尚书》，但很快被证明是伪作。到东晋元帝时，豫章内史梅赜献出五十八篇《古文尚书》，引起举国轰动，并得到学界认可。流传至今的《十三经注疏》中的《尚书》，就是此本，其中有《周官》一篇：

> 立太师太傅太保兹惟三公论道经邦燮理阴阳。
>
> 少师少傅少保曰三孤，
>
> 太宰掌邦治统百官均四海，
>
> 司徒掌邦教敷五典扰兆民，
>
> 宗伯掌邦礼治神人和上下，
>
> 司马掌邦政统六师平邦国，
>
> 司寇掌邦禁诘奸慝刑暴乱，

---

① （汉）司马迁著，（南朝宋）裴骃集解，（唐）司马贞索隐，（唐）张守节正义：《史记》卷一百二十一《儒林列传》，北京：中华书局，1959 年，3124—3125 页。

② 一说《尚书》为二十八篇，乃是以《顾命》与《康王之诰》合为一篇。

③ （唐）陆德明撰，黄焯断句：《经典释文》卷一，北京：中华书局，1983 年，7 页。

司空掌邦土居四民时地利，

六卿分职各率其属以倡九牧阜成兆民，①

该篇与多出的其它各篇，行文与"今文《尚书》"明显不同，疑点非常明显，故吴棫、朱熹、吴澄、梅鷟等学者均有质疑。清初，阎若璩作《尚书古文疏证》，列举梅氏《古文尚书》作伪的一百二十八条证据，受到学界肯定，其中的《周官》，亦属伪篇，可不再论。

---

① （汉）孔安国传，（唐）孔颖达疏，廖名春、陈明整理：《尚书正义》卷十八，北京：北京大学出版社，2000年，569—570页。

# 第二章 《周官》面世

《周官》一书的面世，是在西汉之初。汉惠帝时，政府出于文治的需要，宣布废除秦朝的挟书之律，广开献书之路。千万意料之外，《周官》居然于此时出现！不知何故，此书面世之后，旋即入藏于"秘府"，即皇家图书馆，当时连最著名的礼学家都未曾寓目。成帝时，著名学者刘向之子、文献学家刘歆奉命到秘府校理藏书，方才得以见到《周官》这部书。但是，此书的出现，不仅没有满足社会的期待，反而带来许多新的疑惑。

## 第一节 言人人殊的发现经过

提及《周官》的面世，人们首先关心的问题是：这部周公的旷世大典，何以会灭绝于世？它又是被谁、在何地被发现？结果竟是言人人殊。西汉著名经学大师马融在他的《周官传》中做了如下的说明：

> 《周官》，孝武之时始出，秘而不传。周礼后出者，以其始皇特恶之故也。是以马融传云："秦自孝公已下，用商君之法，其政酷烈，与《周官》相反。故始皇禁挟书，特疾恶，欲绝灭之，搜求焚烧之独悉，

是以隐藏百年。孝武帝始除挟书之律，开献书之路，既出于山岩屋壁，复入于秘府，五家之儒莫得见焉。至孝成皇帝，达才通人刘向子歆校理秘书，始得列序，著于《录》《略》，然亡其《冬官》一篇，以《考工记》足之。[①]

依马融之说，秦国从孝公起，即推行酷烈的法家政策；秦始皇焚书坑儒，燔灭文章，以愚黔首，皆与周公之道相反，所以秦始皇“特疾恶，欲绝灭之，搜求焚烧之独悉”。根据马融的说法，民间似有人冒死将《周官》藏于“山岩屋壁”，至孝武开献书之路，方才取出，献给政府。但是，此“山岩屋壁”在何处以及献书者为何人，作为汉代著名经师，并且专门研究过

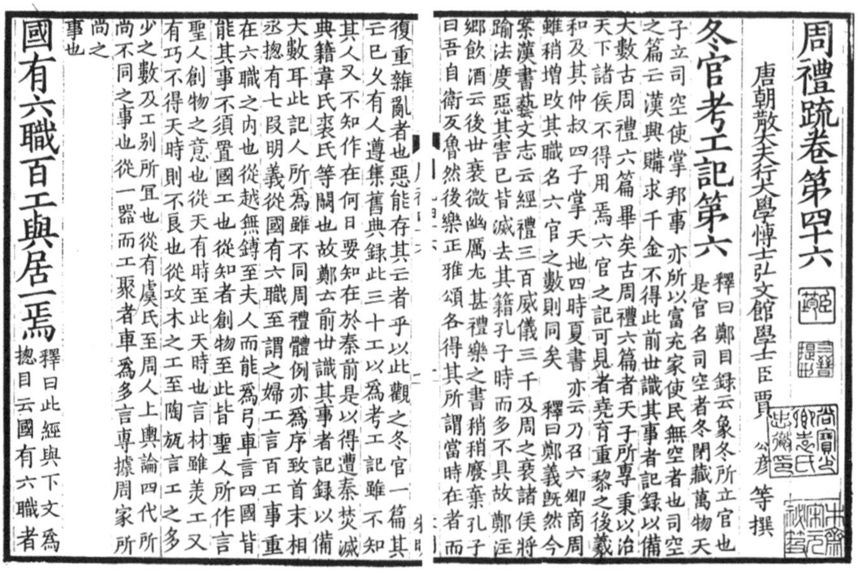
周禮疏卷第四十六
唐朝散大夫行大學博士弘文館學士臣賈公彥等撰
冬官考工記第六 釋曰鄭目録云象冬所立官也是官名司空者冬閉藏萬物天子立司空使掌邦事亦所以富充家使民無空者也司空之篇亡漢興購求千金不得此前世識其事者記録以備大數古周禮六篇畢矣古周禮六篇者天子所專秉以治天下諸侯不得用焉六官之記可見者堯育重黎之後羲和及其仲叔四子掌天地四時夏書亦云乃召六卿商周雖稍增改其職名六官之數則同矣 釋曰鄭義既然今案漢書藝文志云經禮三百威儀三千及周之衰諸侯將踰法度惡其害已皆滅去其籍孔子時而多不具故鄭注鄉飲酒云後世衰微幽厲尤甚禮樂之書稍稍廢棄孔子曰吾自衛反魯然後樂正雅頌各得其所謂當時在者而復重雜亂者也惡能存其亡者乎以此觀之冬官一篇其亡已久有人尊集舊典録此三十工以爲考工記雖不知其人又不知作在何日要知在於秦前是以得遭秦焚滅典籍韋氏裘氏等闕也故鄭云前世識其事者記録以備大數耳此記人所爲雖不同周禮體例亦爲序致首末相承揔有七段明義從國有六職至謂之婦工言百工事重在六職之内也從越無鎛至夫人而能爲弓車言四國皆能其事不須置國工也從知者創物至此皆聖人所作言聖人創物之意也從天有時至此天時也言材雖美工又有巧不得天時則不良也從攻木之工至陶旊言工之多少之數及工別所宜也從有虞氏至周人上輿論四代所尚不同之事也從一器而工聚者車爲多言專據周家所尚之事也
國有六職百工與居一焉 釋曰此經與下文爲揔目云國有六職者

图三　1940 年武进董康诵芬室影宋刊本《周礼·冬官考工记》

① （汉）郑玄注，（唐）贾公彦疏，彭林整理：《周礼注疏·序周礼废兴》，上海：上海古籍出版社，2010 年，5 页。

《周礼》的马融，居然语焉不详。

《汉书》倒是提及发现者姓名，说是河间献王。汉景帝有十四子，其中一位是继位登基的汉武帝，其余十三位均被封为王。十三人出于五位母亲，古代同母为宗，所以《史记》把记载十三王生平的那篇题为《五宗世家》，献王是栗姬所生，恭王则是程姬所生。几乎相同的内容，《汉书》则名《景十三王传》。《景十三王传》说，河间献王刘德从民间征集到一批"古文先秦旧书"，内有《周官》一种：

> 献王所得书，皆古文先秦旧书：《周官》《尚书》《礼》《礼记》《孟子》《老子》之属，皆经传说记，七十子之徒所论。①

献王立于景帝前二年，薨于武帝元光五年（前130），可知献王得《周官》等书，当在景、武之际。唐陆德明《经典释文·序录》的说法，与《景十三王传》有一致之处，但更为具体，并说是献王得自李氏：

> 河间献王开献书之路，时有李氏上《周官》五篇，失《事官》一篇，乃购千金不得，取《考工记》以补之。②

李氏之详情，无人能道，《隋书·经籍志》沿袭献王得自李氏之说。刘歆在《移让太常博士书》中则明言《周官》得自"鲁壁"，说是西汉鲁恭王为扩建宫室而拆除孔子旧宅的墙壁，无意之中发现了当年孔子家人为

---

① （汉）班固撰，（唐）颜师古注：《汉书》卷五十三《景十三王传》，北京：中华书局，1962年，2410页。

② （唐）陆德明撰，黄焯断句：《经典释文》，北京：中华书局，1983年，11页。

防止秦人毁书，而悄悄藏在夹墙中的古书：

> 及鲁恭王坏孔子宅，欲以为宫，而得古文于坏壁之中，《逸礼》
> 有三十九，《书》十六篇。天汉之后，孔安国献之。遭巫蛊仓卒之难，
> 未及施行。及《春秋》左氏丘明所修，皆古文旧书，多者二十余通，
> 藏于秘府，伏而未发。孝成皇帝愍学残文缺，稍离其真，乃陈发秘藏，
> 校理旧文，得此三事，以考学官所传，经或脱简，传或间编。[1]

鲁壁所出文献，学者习称"孔壁中经"，不无遗憾，刘歆说及壁中所出二十余通"古文旧书"，并未提及《周官》。《汉书·艺文志》提及孔壁中经之事，同样如此：

> 武帝末，鲁共王坏孔子宅，欲以广其宫，而得《古文尚书》及《礼》
> 《记》《论语》《孝经》，凡数十篇，皆古字也。[2]

以上引文中的《礼》是指《仪礼》，《记》是指《礼记》；《周官》称为"《周礼》"是很晚的事，故此处绝对不可能指《周官》。许慎的《说文解字·序》备举孔壁所得古籍的书单，与《汉书·艺文志》大略相同，亦未提及《周官》：

> 鲁恭王坏孔子宅，而得《礼》《记》《尚书》《春秋》《论语》

---

① （汉）刘歆：《移让太常博士书》，（汉）班固撰，（唐）颜师古注：《汉书》卷三十六《楚元王传》，北京：中华书局，1962 年，1969—1970 页。

② （汉）班固撰，（唐）颜师古注：《汉书》卷三十《艺文志》，北京：中华书局，1962 年，1706 页。

《孝经》。①

需要指出的是，《史记·五宗世家》说献王"好儒学，被服造次必于儒者，山东诸儒多从之游"②，没有提及《周官》之事；而于鲁恭王则云"好治宫室苑囿狗马，季年好音，不善词辩"③，《景十三王传》所记与此相同，却无一字提及孔壁中经。

唐代大儒孔颖达在《礼记·礼器》疏中谈及《周官》的面世，认为早在孝文帝（而不是武帝）时即已求得《周官》；孔疏不仅没有弥合歧说，反而更滋纷扰：

> 至汉孝文帝时，求得此书，不见《冬官》一篇，乃使博士作《考工记》补之。

汉代是经学昌明的时代，学者治经严谨，恪守师法、家法，"师法、家法所以分者，如《易》有施、孟、梁丘之学，是师法；施家有张、彭之学，孟有翟、孟、白之学，梁丘有士孙、邓、衡之学，是家法。家法从师法分出，而施、孟、梁丘之师法又从田王孙一师分出者也"④，源流明晰，故对于像《周官》这样来路不明的书籍，学界持有高度警惕。时至今日，《周官》面世的经过，依然迷雾重重。

---

① （汉）许慎撰，（清）段玉裁注：《说文解字注》十五篇上，上海：上海古籍出版社，1988年，761页。

② （汉）司马迁著，（南朝宋）裴骃集解，（唐）司马贞索隐，（唐）张守节正义：《史记》卷五十九《五宗世家》，北京：中华书局，1959年，2093页。

③ 同上，2095页。

④ （清）皮锡瑞著，周予同注释：《经学历史》，北京：中华书局，2008年，136页。

## 第二节　聚讼不已的成书年代

汉代发现的《周官》，是否就是周公致太平的原典？此为《周礼》研究的第一要义，不可不严加深究。

汉代的经典，大多是用当时通行的隶书写的，称为"今文经"。《周官》不然，是用先秦的古文字书写的，故称"古文经"。这部从未见过的古文《周官》的出现，颠覆了人们对经典文本的认识，遭到今文学家的激烈反对，"众儒并出，共排以为非是"[①]。连汉武帝也认为是"末世渎乱不验之书"[②]，不予置信。郑玄的同里后进林孝存（临硕）"作《十论》《七难》以排弃之"[③]，全面否定《周官》。郑玄乃作书答其难，绵延千年的论战，由此拉开序幕。学界诘难《周礼》者史不绝书，歧见迭出，莫衷一是。各家的聚焦点在于，《周礼》是真是伪？究竟成书于何时？迄今为止，至少形成了以下七种结论：

1. 周公手作

《周礼》一书以"周"字冠名，但此"周"未必就是"周公""西周"之"周"，笔者后文有论证。通观六篇，绝无一言明说其为何代典制；亦不如《尚书》周公训诰均有"周公若曰"之语；但刘歆认为此书非周公不能作，断言其为"周公致太平之迹"[④]。郑玄、贾公彦，乃至历代名家大儒多宗此说。如朱熹说："《周礼》是周公遗典也"，"周礼一书好看，

---

①④　（汉）郑玄注，（唐）贾公彦疏，彭林整理：《周礼注疏·序周礼废兴》，上海：上海古籍出版社，2010年，5页。

②③　同上，7页。

广大精密，周家法度在里"。① 孙诒让说："此经建立六典，洪纤毕贯，精意眇旨，弥纶天地，其为西周政典，焯然无疑。"② 认为《周礼》是周公对西周以前经世大法的总结：

> 粤昔周公，缵文武之志，光辅成王，宅中作洛，爰述官政，以垂成宪，
> 有周一代之典，炳然大备。然非徒周一代之典也，盖自黄帝、颛顼以
> 来，纪于民事以命官，更历八代，斟酌损益，因袭积累，以集于文武，
> 其经世大法，咸萃于是。③

此说出现最早，影响最大，历代研究《周礼》的著作堪称浩繁，但持此说者最众。宋王安石认为《周官》代表了历史上最优秀、最合理的典制：

> 惟道之在政事，其贵贱有位，其后先有序，其多寡有数，其迟数
> 有时。制而用之存乎法，推而行之存乎人。其人足以任官，其官足以行法，
> 莫盛乎成周之时；其法可施于后世，其文有见于载籍，莫具乎《周官》
> 之书。④

宋王昭禹《周礼详解》、叶时《礼经会元》、郑伯谦《太平经国之书》、

---

① （宋）黎靖德编，王星贤点校：《朱子语类》卷八十六《礼三》，北京：中华书局，1986 年，2204 页。

② （清）孙诒让撰，王文锦、陈玉霞点校：《周礼正义》卷一，北京：中华书局，1987 年，4 页。

③ （清）孙诒让撰，王文锦、陈玉霞点校：《周礼正义》序，北京：中华书局，1987 年，1 页。

④ （宋）王安石撰，聂安福等整理：《王安石全集》，《临川先生文集》卷八十四《周礼义序》，上海：复旦大学出版社，2016 年，1478 页。

易袚《周官总义》、杨杰《周礼讲义》、黄度《周礼五官说》、胡铨《周礼传》、陈傅良《周礼说》、朱申《周礼句解》、俞廷椿《周官复古编》、王与之《周礼订义》,元毛应龙《周官集传》、丘葵《周礼全书》、吴澄《周礼考注》,明王应电《周礼传》、陈凤梧《周礼合训》、魏校《周礼沿革传》、舒芬《周礼定本》、陈深《周礼训注》、柯尚迁《周礼全经释原》、金瑶《周礼述注》、徐即登《周礼说》、郭良翰《周礼古本订注》、孙攀《古周礼释评》、王志长《周礼注疏删翼》、张采《周礼合解》,清李钟伦《周礼训纂》、惠士奇《礼说》、江永《周礼疑义举要》等均是。

2. 作于西周

日本学者林泰辅在《周公と其时代》[①]一书中,详尽地分析了《周礼》所见天神、地示、人鬼,以及伦理思想、政治制度等,认为此书作于西周末的厉王、宣王、幽王时代[②]。朱谦之《〈周礼〉的主要思想》云:"此书中所用古体文字,不见于其他古籍,而独与甲骨文金文相同,又其所载官制与《诗经·大雅》《小雅》合,可见非在西周文化发展的时代不能作。"因此,"《周礼》是西周宣王中兴时代之书。"[③]蒙文通认为,《周礼》"虽未必即周公之书,然必为西周主要制度,而非东迁以下之治"[④]。

3. 作于春秋

近人洪诚《读〈周礼正义〉》一文认为,《周礼》起于周初,历经累积,"成书最晚不在东周惠王后"[⑤](前676—前652)。刘起釪认为:"《周

---

① (日)林泰辅:《周公と其时代》,东京:东京大仓书店发行,大正四年。
② 参见(日)林泰辅《周公と其时代》一书之附录《周官著作时代考》。
③ 朱谦之:《〈周礼〉的主要思想》,《光明日报》1961年11月12日。
④ 蒙文通:《从社会制度及政治制度论周官成书年代》,《图书集刊》1942年第1期。
⑤ 洪诚:《洪诚文集·雏诵庐论文集》,南京:江苏古籍出版社,2000年,206页。

礼》一书所载官制材料，都不出春秋之世周、鲁、卫、郑四国官制范围，没有受战国官制的影响。"① 金景芳《周礼》一文认为，"这个方案，具有时代特点，不但西周不能为此方案，即春秋战国时人也不会作此方案"，"原因是春秋战国时，周室衰微已甚，降为二三等小国，当时不会幻想它会复兴。而在西周的历史条件下，则不可能产生这样的设想"，所以，"《周礼》一书是东迁以后某氏所作"②。

### 4. 作于战国

东汉经师何休认为《周礼》是"六国阴谋之书"③，汉儒张禹、包咸等从其说。明季本《读礼疑图》以为是战国策士之作。清儒崔述《丰镐考信录》列举《周礼》与《孟子》在封国之制、赋税制度等方面的抵牾，与《春秋》《尚书》在朝觐制度上的纠葛，以及在立法知识上的乖谬，断言《周礼》作于战国。毛奇龄《周礼问》，皮锡瑞《经学通论》，近代学者钱穆《周官著作时代考》，郭沫若《周官质疑》，顾颉刚《周公制礼的传说和周官一书的出现》，范文澜《经学讲演录》，杨向奎《周礼的内容分析及其著作时代》、台湾学者黄沛荣《论周礼职方氏之著成时代》等均持此说。沈文倬《略论宗周王官之学》认为，"《周礼》成书确实较晚，成于晚周（但绝非汉初）；而且其书散乱，是在秘府的乱书堆里发现的。……基本上取诸于两周实制（周初创建和晚周更制）"④。

---

① 刘起釪：《洪范成书时代考》，《中国社会科学》1980 年第 3 期。

② 金景芳：《〈周礼〉作者和成书年代》，杨伯峻主编：《经书浅谈》，北京：中华书局，1984 年。

③ （汉）郑玄注，（唐）贾公彦疏，彭林整理：《周礼注疏·序周礼废兴》，上海：上海古籍出版社，2010 年，7 页。

④ 沈文倬：《略论宗周王官之学》，《菿闇文存》，北京：商务印书馆，2006 年，498 页。

5. 作于周秦之际

魏了翁最早提出，《周礼》为"秦汉间所附会之书"①。清儒毛奇龄云："此书系周末秦初儒者所作。"② 梁启超说："这书总是战国、秦、汉之间，一二人或多数人根据从前短篇讲制度的书，借来发表个人的主张。"③ 胡适因《周礼》屡屡有"祀五帝"之语，认为，"其为汉人所作之书似无可疑"④。近人陈连庆《〈周礼〉成书年代的新探索》一文认为，"《周礼》制作年代的上限，不早于商鞅变法"，"它的下限也不会晚于河间献王在位之时"，"《周礼》成书年代的最大可能，是在秦始皇帝之世"。⑤ 港台地区学者史景成《〈周礼〉成书年代考》一文认为，此书作于《吕氏春秋》以后，秦统一天下之前。日本学者池田温认为，"《周礼》基本上为战国时代思想家的构想，至汉代始以如今日所见的形式固定下来成书。在其内容中，作为素材的那些被认为是从周至春秋战国的诸制度和诸事物，乃是经过种种加工而收入进去的"⑥。

6. 刘歆伪造

此说始倡于宋人。北宋神宗熙宁年间，王安石援《周礼》推行青苗法、保甲法等，四库馆臣说："安石之意，本以宋当积弱之后而欲济之以富强，

---

① （宋）魏了翁：《重校鹤山先生大全集》卷一百九至一百十《师友雅言》，台北：商务印书馆，2011 年，907 页。

② （清）毛奇龄：《经问》卷二，（清）阮元、王先谦编：《清经解、清经解续编》（第 1 册），南京：凤凰出版社，2005 年，1231 页。

③ 梁启超：《古书真伪及其年代》，北京：中华书局，1955 年，125 页。

④ 胡适：《论秦畤及〈周官〉书》，顾颉刚编著：《古史辨》（第 5 册），上海：上海古籍出版社，1982 年，639 页。

⑤ 陈连庆：《〈周礼〉成书年代的新探索》，《中国历史文献研究》第 2 辑，武汉：华中师范大学出版社，1988 年，50 页。

⑥ （日本）池田温：《中国古代籍帐研究》，北京：中华书局，1984 年，39 页。

又惧富强之说必为儒者所排击，于是附会经义，以钳儒者之口。"[①]而变法的反对派则通过抨击《周礼》反对王安石，代表人物是胡安国、胡宏父子。胡宏认为《周礼》乃是出于刘歆伪造，旨在"附会王莽，变乱旧章，残贼本宗，以趋荣利"，故而"假托《周官》之名，剿入私说，希合贼莽之所为耳"[②]，而王安石则以《周礼》乱宋。洪迈《容斋续笔》、清末今文家廖平《古学考》、康有为《伪经考》等都力主此说。钱玄同《答顾颉刚先生书》、杜国庠《略

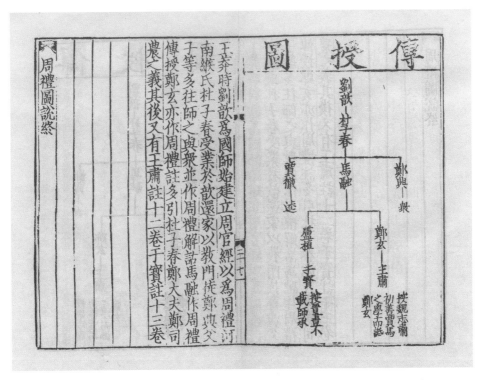

图四　周礼传授图（采自中国国家图书馆藏宋刻本《纂图互注周礼》）

---

① （清）永瑢等撰：《四库全书总目》卷十九《经部十九·礼类一》，北京：中华书局，1965 年，150 页。

② （宋）胡宏著，吴仁华点校：《胡宏集·皇王大纪论》，北京：中华书局，1987 年，259—260 页。

论礼乐起源及中国礼学的发展》等文亦持此说。徐复观《周官成立之时代及其思想性格》、侯家驹《周礼批判》《周礼思想渊源》等文均持此论。

以上诸说，前后相差一千余年。其中只能有一种意见是正确的，或接近于正确。但孰是孰非，至今仍争执不已，疑者自疑，信者自信。

# 第三章　官制体系

　　作为一部官政大法的《周礼》，所要回答的基本问题是，治国理民最主要的层面可以分为哪几块？每一块由哪些细节构成？如何设置解决国计民生问题的机构？如何激发与综合各方力量又如何制约各种可能的舞弊行为？归根到底，是如何认识又如何有效地改造自己面对的这个社会。

## 第一节　框架结构

　　《周礼》六篇，实际上是将国家政务划分成六部分。从名称上看，六官对应天地四方六合，是对治国领域重心的宏观认识：

　　　　天官冢宰第一

　　　　地官司徒第二

　　　　春官宗伯第三

　　　　夏官司马第四

　　　　秋官司寇第五

　　　　冬官司空第六

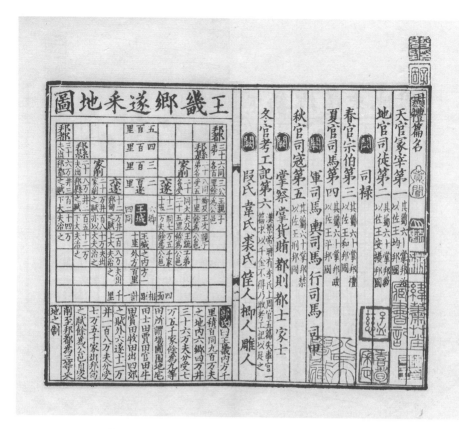

图五 《周礼》篇名（采自北京大学图书馆藏宋刻本《周礼》）

六官的首长分别为冢宰、司徒、宗伯、司马、司寇、司空。六官执掌的典要，各用一字揭示：治典、教典、礼典、政典、刑典、事典。典，是大经、大法之意：

一曰治典，以经邦国，以治官府，以纪万民；

二曰教典，以安邦国，以教官府，以扰万民；

三曰礼典，以和邦国，以统百官，以谐万民；

四曰政典，以平邦国，以正百官，以均万民；

五曰刑典，以诘邦国，以刑百官，以纠万民；

六曰事典，以富邦国，以任百官，以生万民。

冢宰掌管邦治，司徒掌管教育，宗伯掌管典礼，司马掌管军事，司寇掌管刑法，司空掌管营造。上述引文，为避免用字重复而有所变换，但互文见义，彼此呼应，意思愈益清晰。若略作归纳即可清楚地知道，六官施政的对象是共同的：邦国、官府、万民，目标则是天下的平安、和谐、富裕、均平与端正。这是《周礼》的最高立意。

六官并非平起平坐，天官的地位在其余五官之上，负责总领六官，所以《天官·大宰》说"大宰之职，掌建邦之六典，以佐王治邦国"。但冢宰并非虚悬于其余五官之上，不担任具体工作，恰恰相反，它需要承担与其余五官等同的一份职守，所以，天官的身份约略可与当代某些国家的"部长会议主席"相比拟。在《周礼》正文中，六官首长又称大宰、大司徒、大宗伯、大司马、大司寇、大司空，由于大宰的地位最高，故"大宰"的"大"要读成"tài"，是"大之上"的意思，而其他五位首长官称之前的"大"，不得如此之读。

为此，六官之下，各有六十位隶属的官职，按照官府事务的大小，层层往下展开，各司其职，所以《天官·小宰》说，"以官府之六属举邦治"：

一曰天官，其属六十，掌邦治，大事则从其长，小事则专达；

二曰地官，其属六十，掌邦教，大事则从其长，小事则专达；

三曰春官，其属六十，掌邦礼，大事则从其长，小事则专达；

四曰夏官，其属六十，掌邦政，大事则从其长，小事则专达；

五曰秋官，其属六十，掌邦刑，大事则从其长，小事则专达；

六曰冬官，其属六十，掌邦事，大事则从其长，小事则专达。

六官虽各以一字提示核心，然其内涵远非此字所能包含，与之相关的

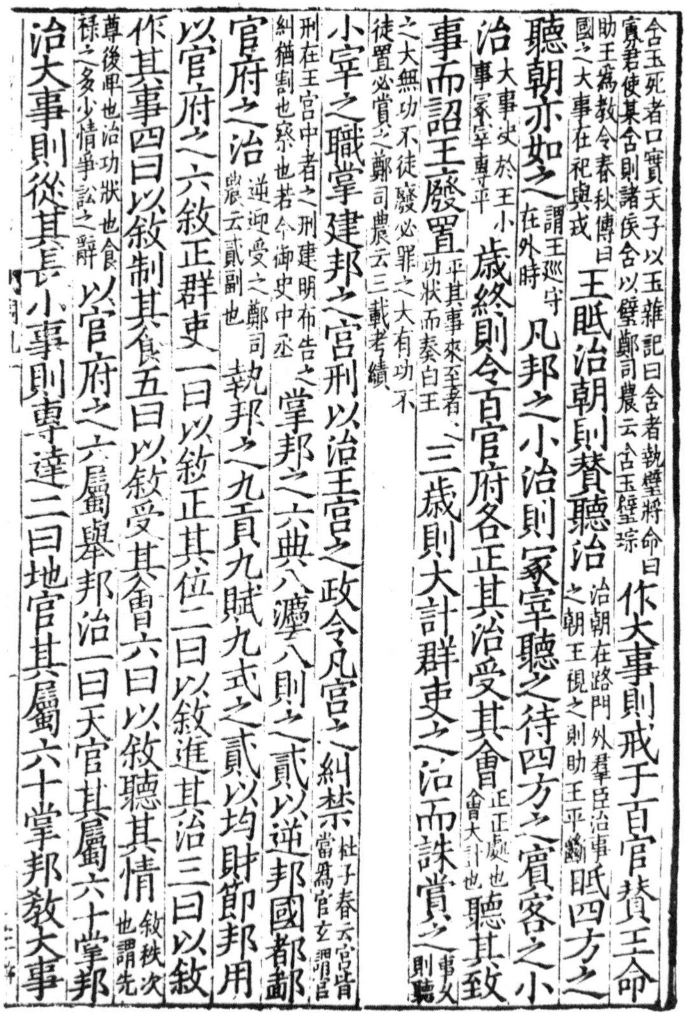

含玉死者口實天子以玉雜記曰含者執璧將命曰寡君使某含則諸侯含以璧鄭司農云含玉璧琮作大事則戒于百官贊王命
助王為教令春秋傳曰國之大事在祀與戎王眡治朝則贊聽治治朝在路門外群臣治事之朝王視之則助王平斷眡四方之
聽朝亦如之謂王巡守在外時凡邦之小治則冢宰聽之待四方之賓客之小
治大事決於王小事冢宰專平歲終則令百官府各正其治受其會正正處也會大計也聽其致
事而詔王廢置平其事來至者之功狀而奏白王三歲則大計群吏之治而誅賞之事久則聽
之大無功不徒廢必罪之大有功不徒置必賞之鄭司農云三載考績
小宰之職掌建邦之宮刑以治王宮之政令凡宮之糾禁杜子春云宮皆當為官玄謂宮
刑在王宮中者之刑建明布告之糾猶割也察也若今御史中丞掌邦之六典八灋八則之貳以逆邦國都鄙
官府之治逆迎受之鄭司農云貳副也執邦之九貢九賦九式之貳以均財節邦用
以官府之六敘正群吏一曰以敘正其位二曰以敘進其治三曰以敘
作其事四曰以敘制其食五曰以敘受其會六曰以敘聽其情敘秩次也謂先
尊後卑也治功狀也食祿之多少情爭訟之辭以官府之六屬舉邦治一曰天官其屬六十掌邦
治大事則從其長小事則專達二曰地官其屬六十掌邦教大事

图六　宋婺州刻本《周礼》（采自《古逸丛书三编》本）

职守均相当之多，以下是六官各自涉及的细目：

天官冢宰：王宫的戒令，寝舍管理，膳食与饮料供给，王出行时的巾幂、帷幕、毡毲，王与后的衣服，医疗，内宫的各种事务，财货，宫廷府藏的管理；

地官司徒：国中与郊外各级行政单位的政教，为政府的祭祀提供祭物，掌管地方的力役，管理市政与四方门关、山林川泽及其出产，掌管粟米的出入、库藏与使用；

春官宗伯：掌管"礼"和"乐舞"使用的器物、仪节、服饰，掌管礼乐活动所需的卜筮、祝号，掌管天文历法。

夏官司马：掌军旅、防御、马政、兵甲、四方邦国，王参与兵戎所需的器物，各种杂事。

秋官司寇：总掌刑法狱讼，管理刑禁，盟约，宪令，辟除，与诸侯四夷的交往，转相副贰。


## 第二节　职官爵秩


《周礼》官制有两套体系，一是职官，二是爵秩。职官是政府设置的各级岗位，如大宰、大司徒、大宗伯，小宰、小司徒、小宗伯之类。爵位，是任职者的资历，是对人的经历、能力、业绩等等的综合评定。《周礼》中的爵位分七等，从高到低分别为：公、卿（即上大夫）、中大夫、下大夫、上士、中士、下士，是属于得到王的简册任命的王臣。因承担的责任不同，工作的难易有别，岗位有轻重、高下之别，故对就职者的爵秩有相应的要求，例如，担任冢宰等六部首长者，必须具有卿的爵位；担任冢宰副手小宰之职者，必须具有中大夫爵位；担任小宰副手宰夫之职者，必须具有下大夫的爵位。

政府中的岗位，地位有高低、职权有大小，需要由相应爵等之人担任。岗位从上到下，爵称随之有尊卑，彼此大小相领，员额的数量则依次倍增，如《天官·大宰》的部分领属关系：

> 大宰，卿一人。
>
> 小宰，中大夫二人。
>
> 宰夫，下大夫四人，上士八人，中士十有六人，旅下士三十有二人；府六人，史十有二人，胥十有二人，徒百有二十人。
>
> 宫正，上士二人，中士四人，下士八人；府二人，史四人，胥四人，徒四十人。
>
> 宫伯，中士二人，下士四人；府一人，史二人，胥二人，徒二十人。

大宰是官名，由卿担任，限额是一人。小宰是大宰的副手，由两位中大夫担任。宰夫是更低一层的副手，由下大夫四人，上士八人，中士十有六人，旅下士三十有二人担任。下士之下，才是府、史、胥、徒。

再如《地官·司徒》机构的构成与领属关系：

> 大司徒，卿一人。小司徒，中大夫二人。乡师，下大夫四人，上士八人，中士十有六人，旅下士三十有二人；府六人，史十有二人，胥十有二人，徒百有二十人。

　　宗伯、司马、司寇、司空诸官的构成与领属关系，均与此相同，恕不赘举。

　　毋庸讳言，政府工作并非都要王臣方能措手，某些岗位的部分工作，技术含量不高，普通人即可胜任。为了控制政府的编制，降低官政运作的成本，有关部门的长官可以"辟除"，即自行从民间征召编外的工作人员，免除其课税，前往官府听差。根据不同的需要，这类成员的身份有府、史、胥、徒四种。郑注："府，治藏。史，掌书者。"①府，是负责掌管收藏、保管物品者。史，是负责文书者。《周礼》之内，府、史大多是府少而史多，而府又在史上，唯独《春官·御史》之"史"最多，达百有二十人，而且在府之上。胥，郑玄说是"有才知，为什长"者；徒，贾公彦说是"给使役"②者，是奔走效劳之人；所以《周礼》中通常有胥即有徒，而且都是十的倍数。

　　也有层次很低的部门，如《天官》中的鳖人和腊人两职，前者只要会用扠刺泥中龟鳖，后者只要会做干肉，技术要求极低，所以有徒无胥，不需长帅。

　　需要说明的是，并非所有职官都有府、史、胥、徒的配属，例如《天官》食医的诸官，专业性很强，无需胥徒：

　　　　食医：中士二人。

　　　　疾医：中士八人。

　　　　疡医：下士八人。

---

　　①②　（汉）郑玄注，（唐）贾公彦疏，彭林整理：《周礼注疏·天官冢宰第一》，上海：上海古籍出版社，2010年，9页。

兽医：下士四人。

还有某些职掌较为特殊的职官，下属中有些人，既非王臣，亦非府史胥徒，而是有生理缺陷者，例如《春官·大师》中的瞽蒙与眡瞭：

大师，下大夫二人。小师，上士四人。瞽蒙，上瞽四十人，中瞽百人，下瞽百有六十人；眡瞭三百人；府四人，史八人，胥十有二人，徒百有二十人。

隶属于大师、小师的瞽蒙，领有 300 位瞽人。瞽蒙，郑司农云：“无目䁈谓之瞽，有目䁈而无见谓之蒙。”[1] 眡瞭，是视觉正常者。由于瞽人行走不便，需要人搀扶；所以为每位瞽人配备一名眡瞭。

再如，《周礼》管理宫廷膳食之类的诸职中，有奄、女醢、奚、女盐、女浆、女酒、女笾、女幂、女醯、女饎、女槁等名称者：

醢人，奄二人，女醢二十人，奚四十人。

郑注：“女醢，女奴晓醢者。”

盐人，奄二人，女盐二十人，奚四十人。

郑注：“女盐，女奴晓盐者。”

浆人，奄五人，女浆十有五人，奚百有五十人。

郑注：“女浆，女奴晓浆者。”

酒人，奄十人，女酒三十人，奚三百人。

---

① （汉）郑玄注，（唐）贾公彦疏，彭林整理：《周礼注疏·春官宗伯第三》，上海：上海古籍出版社，2010 年，631 页。

郑注："女酒，女奴晓酒者。"

根据郑玄的解释，所谓"奄"，是指"精气闭藏"的宦人。因为上述岗位都在内宫，故不得不如此，以免宫闱污秽。女酒，贾公彦说是"女奴晓酒者"[1]。古代有从坐制度，因主人犯法，家内的男女没入县官为奴；其中懂得作酒，又有才智者，即是"女酒"；才智略差但可以役使者，即是"奚"。女醯、女盐、女浆、女酒、女笾、女幂、女醢、女饎、女槁等，均可以此类推。

在执掌乐舞的部门之内，还有《春官·宗伯》中"舞者"之类的人员，如：

韎师，下士二人，府一人，史一人，舞者十有六人，徒四十人。

上述不同名目之人，在《周礼》中不在少数，反映了作者对政府运作中的专业化需要的思考。

## 第三节　官职官联

《周官》职官体系，有两个概念极为重要：官职与官联。前者是指所有岗位都有各自的职守，后者是说在某些特殊情况下，单独一职无法胜任，必须有数个相关的部门联合完成。《周礼》对所有官员的职守有极为详尽

[1]　（汉）郑玄注，（唐）贾公彦疏，彭林整理：《周礼注疏·天官冢宰第一》，上海：上海古籍出版社，2010年，16页。

的说明，为便于读者，以下是《天官》（大宰、小宰、宰夫除外）各位官
员的职守的简明提要：

宫正：宫中官之长，掌王宫之戒令、纠禁。

　　宫伯：掌王宫之士庶子。

膳夫：食官之长；

　　庖人：掌市场采购；

　　内饔：掌王、后、世子，以及宗庙的割烹；

　　外饔：掌宫外各种祭祀的割烹；

　　亨人：掌为内外饔烹肉。

甸师：供外内饔所需野物官之长；

　　兽人：供野兽；

　　渔人：供鱼类；

　　鳖人：供鳖类；

　　腊人：供干肉。

医师：医官之长；

　　食医：以食味齐和成药之医；

　　疾医：内科医生；

　　疡医：外科医生；

　　兽医：主治牛马之医。

酒正：酒官之长；

　　酒人：掌酿酒；

　　浆人：掌造浆；

　　凌人：掌藏冰；

　　　　笾人：掌膳羞之笾；

　　　　醢人：掌膳羞用之醢（肉酱）；

　　　　醯人：掌膳羞用之醯（醋）；

　　　　盐人：掌盐；

　　　　幂人：掌幂（覆盖笾豆用之巾）。

　　宫人：掌王之寝与服御；

　　　　掌舍：掌王出行时的馆舍；

　　　　幕人：掌王出行时舍息用的帷幕；

　　　　掌次：掌王正容、更衣用的帷帐。

　　大府：总掌王的府藏、会计之官；

　　　　玉府：掌王府的玉器收藏与制作；

　　　　内府：掌库门之内的珍贵物品的收藏；

　　　　外府：掌社会流通用的钱币；

　　　　司会：掌管全国的会计；

　　　　司书：掌管会计使用的簿册；

　　　　职内：掌管官府的赋税收入；

　　　　职岁：岁末制订来年邦国会计事宜；

　　　　职币：主管结余的财物；

　　　　司裘：收藏裘皮衣服；

　　　　掌皮：掌管动物毛皮。

　　内宰：宫内官之长；

　　　　内小臣：服侍宫内后夫人的奄人；

　　　　阍人：掌晨昏启闭宫门的刑余之人；

　　　　寺人：宫内的近侍之人；

内竖：宫内侍候王、后的未成年人。

九嫔：王的妾御；

世妇：王的妾御；

女御：王的妾御。

女祝：通晓祝事的女奴；

女史：通晓文字的女奴。

典妇功：妇人丝枲官之长；

典丝：掌管丝帛织物；

典枲：掌管麻葛织物；

内司服：宫中裁缝官之长；

缝人：掌王宫裁缝之事；

染人：掌染丝帛。

追师：掌王后头部的玉饰；

屦人：掌王及后的屦舄；

夏采：掌王大丧时饰车的羽毛。

## 第四节　六官规模

《周礼》一书，规模之宏大，令人感叹。此书所及官职的员数究竟有多少，不能不引起人们的兴趣，至迟自宋代以来，便有学者措手于此。

据欧阳修《问进士策三首》，"略见于经者五万余人"，"其不耕而赋，则何以给之"？因而他有"官多田少，禄且不给"[1]之疑。清人李滋然《周

① （宋）欧阳修著，李逸安点校：《欧阳修全集》（第 2 册），北京：中华书局，2001 年，674 页。

礼古学考》统计，《周礼》官员总数有三十三万左右①（包括畿内诸侯国，不包括冬官），他说："秦汉而后，混一舆图，幅员最广，合宇内而使吏治之，设官之繁尚不如此，而谓周初封建之世，政简刑清，王畿千里，设官乃如此之多，周公致太平之迹，恐不如是。"② 这是指责《周礼》官员数目之滥。有人则批评其烦冗琐屑，悖于情理。如胡宏说：

> 王衣裘服，宜夫人嫔妇之任也。今既有司裘，又有缝人屦人等，工力劳费。有能以财济国用者，则必旌显之矣。此天下所以败也。九官，则皆掌饮食者也。医师之职，固不可废。又有兽医等五官，皆医事也。幕人次舍之事，固不可废，而皂隶之所作也，亦置五官焉。凡此既不应冗滥如是，且皆执技以事上，役于人者也……③

再如王之饮食，《天官·膳夫》云：凡王之馈，"羞用百二十品，珍用八物，酱用百有二十瓮，王日一举，鼎十有二物，皆有俎"。侯家驹《周礼批判》说："此当非一日胃纳所能承受，若说故示豪华，则与周制不合，因《礼记·内则》所云王之膳羞，虽曾列举，连调味品在内，亦不过二三十种。而且所谓牢，是指牛、羊、豕，《礼记·王制》曾云：'诸侯无故不杀牛，大夫无故不杀羊，士无故不杀犬豕'，王本人岂可每天不是

---

① 《周礼》官员数目，由于书中未一一明确记载，故诸家所统计的结果往往不一致，如陈大庚《周礼序官考》统计，五官共64093人（不包括男巫、女巫等无常数者，胥师、贾师等数之不可考者）；孙诒让《周礼正义》统计，"六官员数约五万余人"；孔广林《孔氏说经稿·周官臆测》统计，五官员数共八万余人。但均无下于五万者。

② （清）李滋然：《周礼古学考》卷十，林庆彰、赖明德、刘兆祐、张高评主编：《晚清四部丛刊》第五编（第20册），台中：文听阁图书公司，2011年，358—359页。

③ （宋）胡宏著，吴仁华点校：《胡宏集·皇王大纪论》，北京：中华书局，1987年，257页。

杀牛,就是杀羊或豕?"[1]他还以清代乾隆、慈禧之膳羞与《膳夫》之文相比,证明《膳夫》之文不可信。

又如侯国之贡物,《秋官·大行人》作了规定:侯服贡祀物,甸服贡嫔物,男服贡器物,采服贡服物,卫服贡材物,要服贡货物。这种生硬规定,有悖于常理,所以万斯大《周官辨非》驳之云:诸侯之所贡,当各以其国之所有,"今大行人之制,每以五百里为率,不问东西南北。贡祀物者,不兼嫔器。贡服物者,不输货财。果若是,是国之所有者未必贡,而贡或其地之所无。周公之制,岂其然哉?"[2]

据孙诒让《周礼正义》统计:

**天官之属:**

卿一人,中大夫四人,下大夫十二人,上士四十二人,中士百十八人,下士百七十九人,府八十五人,史百四十八人,胥百七十四人,徒二千二百四人,工二十二人,贾四十四人。凡正官自卿至庶人,总三千三十三人。

又奄上士四人,寺人、内竖及奄无爵者四十四人。内司服缝人女御十人,女祝四人,女史八人,女奴百二十五人,奚六百七十二人,女工八十人。凡女官、女庶人,总八百九十九人。

此外九嫔、世妇、女御无员数,阍人每门四人,有员数,无总数,不可计。

大凡可计者,总三千九百八十人。

---

① 侯家驹:《周礼研究》,台北:联经出版事业公司,1987年,350页。

② (清)万斯大著,曾攀点校:《万斯大集》,杭州:浙江古籍出版社,2016年,228页。

地官之属：

卿一人，中大夫五人，下大夫十五人，上士四十八人，中士百四十八人，下士三百二十人，府一百三人，史二百一十九人，胥二百二人，徒二千六百二十八人，贾八人。乡官：公三人，卿六人，中大夫三十人，下大夫百五十人，上士七百五十人，中士三千人，下士万五千人。遂官：中大夫六人，下大夫三十人，上士百五十人，中士七百五十人，下士三千人。无爵者万五千人。凡正官自卿至庶人，总四万一千五百七十二人。

又奄十二人，又奚八十五人，女奴二十六人，凡女庶人总百十一人。

此外山虞：大山中士四人，下士八人，府二人，史四人，胥八人，徒八十人；中山下士六人，史二人，胥六人，徒六十人；小山下士三人，史一人，徒二十人。

林衡：大林下士十二人，史四人，胥十二人，徒百二十人；中林下士六人，史二人，胥六人，徒六十人；小林下士二人，史一人，徒二十人。

川衡：大川下士十二人，史四人，胥十二人，徒百二十人；中川下士六人，史二人，胥六人，徒六十人；小川下士二人，史一人，徒二十人。

泽虞：大泽大薮中士四人，下士八人，府二人，史四人，胥八人，徒八十人；中泽中薮下士六人，史二人，胥六人，徒六十人；小泽小薮下士二人，史一人，徒二十人。

场人，下士每场二人，府一人，史一人，徒二十人。

无爵者，胥师二十肆一人，史二人；贾师二十肆一人，史二人；

司虣十肆一人，司稽五肆一人，胥二肆一人，肆长每肆一人；皆有员数，无总数，不可计。

大凡可计者，总四万一千六百九十五人。

**春官之属：**

卿一人，中大夫五人，下大夫二十四人，上士四十九人，中士百五十人，下士二百七十五人，府百八人，史二百六十三人，胥百五十八人，徒千七百六十人，工百四人。凡正官自卿至庶人，总二千七百九十七人。

又瞽蒙上瞽四十人，中瞽百人，下瞽百六十人，眡瞭三百人，韎师舞者十六人；凡乐工等无爵者，总有六百十六人。

又奄八人，又世妇宫卿十二人，下大夫二十四人，中士四十八人，郑以为士人，今定为女官；女府十二人，女史十二人，奚九十六人；又女祧十六人，奚三十二人；凡女官女庶人，总二百五十二人。

此外，内宗、外宗、旎人、舞者、男巫、女巫、以神仕者，并无员数。

又都宗人，每都上士二人，中士四人，府二人，史四人，胥四人，徒四十人；家宗人，每家上士二人，中士四人，府二人，史四人，胥四人，徒四十人；皆有员数无总数，不可计。

大凡可计者，总三千六百七十三人。

**夏官之属：**

卿一人，中大夫十四人，下大夫三十人，上士六十七人，中士百五十八人，下士二百六十七人，府七十六人，史二百五人，胥二百四十五人，徒二千一百八十八人，贾八人，工四人，医四人，虎士八百人，方相氏狂夫四人。凡正官自卿至庶人，总四千七十一人。

又趣马，每皁下士一人，徒四人。依经，下士二百四人，徒一千七百四十四人；依郑读，下士一百九十八人，徒一千一百五十二人。围师每乘一人，徒二人。围人，良马每匹一人，驽马每丽一人。依经，围师七百三十二人，徒一千四百六十四人，围人三千六百九十六人；依郑读，围师六百四十八人，徒一千七百二十八人，围人二千八百八人；未知孰是。

又都司马，每都上士二人，中士四人，下士八人，府二人，史八人，胥八人，徒八十人，有员数，无总数。又家司马，无员数。又六军，军将卿六人，师帅中大夫三十人，旅帅下大夫百五十人，卒长上士七百五十人，两司马中士三千人，伍长下士一万五千人。又府十二人，史三十六人，胥六十人，徒六百人，皆出军权置。以上三者皆不可计。

大凡可计者，总四千七十一人。

**秋官之属：**

卿一人，中大夫四人，下大夫八人，上士二十六人，中士百六十四人，下士二百五十一人，府七十人，史百五十九人，胥百六十五人，徒二千二百八人，贾四人，五隶六百人。凡正官自卿至庶人，总三千六百六十人。

此外，朝大夫，每国上士二人，下士四人，府一人，史二人，庶子八人，徒二十人。都则，依郑注每都中士一人，下士二人，府一人，史二人，庶子四人，徒八十人。都士，每都中士二人，下士四人，府二人，史四人，胥四人，徒四十人。家士，每家中士二人，下士四人，府二人，史四人，胥四人，徒四十人。皆有员数无总数，不可计。

大凡可计者，总三千六百六十人。①

---

① （清）孙诒让撰，王文锦、陈玉霞点校：《周礼正义》，北京：中华书局，1987年，57页、686页、1294页、2278页、2740页。

据孙诒让统计，五官总数：五万七千零七十九人。规模如此庞大的中央政府，需要多少社会资源方能支撑，令人难以想象。就周代史料而言，当时官府，远无此等排场。周公设官概貌，见于《尚书·立政》，不过任人、准夫、牧作、虎贲、缀衣、趣马、小尹、左右携仆、百司庶府，大都小伯、艺人、表臣百司、太史、尹伯、庶常吉士，司徒、司马、司空、亚旅、夷、微、卢烝、三毫阪尹而已。东周后期，荀子拟构圣王制度，见诸《荀子·王制》，所举不过宰爵、司徒、司马、太师、司空、农官、虞师、乡师、工师、巫、治市、司寇之等。故《周官》设计的规模，不能不令人质疑。

# 第四章 理想国典制

《周礼》，乃是为一位伟大的盖世之王设计的鸿典巨制，为之"辨方正位，体国经野，设官分职"，希冀为万世立极。作者的规划，既无历史包袱，亦无地理障碍，可以直抒胸臆，按照理想尽情构拟，所有制度，都堪称尽善尽美。

## 第一节 《周官》是周天之官

《周官》一书，何以名"周"？这是首先要回答的问题。刘歆解释为西周之周，并将此书指实为周公所作"官政之法"。而随着研究的深入，怀疑此说者越来越多。此书既与周公无关，则"周官"之"周"又当作何解释？亟须回答。

"周"字有围绕、周绕之义，汉语常用的周月、周岁、周围、周匝、四周等，都是其例。《广韵·尤韵》说："周，周匝也。"[1]《国语·吴语》"周军饬垒"，韦昭注："周，绕也。"[2]《后汉书·班固传上》"周以钩陈之位"，

---

[1] 周祖谟：《广韵校本》，北京：中华书局，2004 年，208 页。

[2] 徐元诰撰，王树民、沈长云点校：《国语集解》卷十九，北京：中华书局，2002 年，550 页。

李贤注："周，环也。"① 《周礼·春官·大祝》"四曰周祭"，郑注引
郑司农云："周祭，四面为坐也。"② 《周礼·地官·闾师》"不树者无椁"，
郑注："椁，周棺也。"③ 孙诒让《周礼正义》："周棺者，周棺之四围，
若上下则不周。"④ 《山海经·西山经》"又西北三百七十里曰不周之山"，
郭璞注："不周之山，此山形有缺不周匝处，因名云。"⑤ 若大而言之，
周还可以指"周天"，《素问·天元纪大论》"七曜周旋"，王冰注："周，
谓周天之度。"⑥

　　中国自古有"天人合一"的理念，将人类社会视为宇宙的有机组成部
分，论理说事，好以天地比附，唯有与天地合德、同理，方可永恒，故《老
子》有"人法地、地法天、天法道、道法自然"之说。将《周官》之"周"
解读为"周天"之周，"周官"即是"周天之官"，似乎更符合此书本义。
古人以天地四方之内为"六合"，是为苍生之所存，《庄子·齐物论》云
"六合之外，圣人存而不论"。《周官》六篇，以天、地、春、夏、秋、
冬作为骨架，天覆地载，涵容万物，又以四季与东、南、西、北四方对应，
显而易见，其所要模拟者，正是"六合"的宇宙格局。可作为此说佐证的，

　　① （南朝宋）范晔撰，（唐）李贤等注：《后汉书》卷四十上《班固传》，北京：
中华书局，1965 年，1345 页。
　　② （汉）郑玄注，（唐）贾公彦疏，彭林整理：《周礼注疏·春官宗伯第三》，上海：
上海古籍出版社，2010 年，959 页。
　　③ （汉）郑玄注，（唐）贾公彦疏，彭林整理：《周礼注疏·地官司徒第二》，上海：
上海古籍出版社，2010 年，480 页。
　　④ （清）孙诒让撰，王文锦、陈玉霞点校：《周礼正义》卷二十五，北京：中华书局，
1987 年，980 页。
　　⑤ 袁珂校注：《山海经校注》，上海：上海古籍出版社，1980 年，40 页。
　　⑥ （唐）王冰注，（宋）林億等校正，（宋）孙兆改误：《重广补注黄帝内经素问》
卷十九，《原国立北平图书馆甲库善本丛书》（第 490 册），北京：国家图书馆出版社，
2013 年，138 页。

是《小宰职》"六属"所记，六卿之下，各有六十位属官，故六官的总员数为三百六十，与周天的度数三百六十完全相合。以天地四季六官，引出周天三百六十官，道法自然，将官制嵌入自然，巧思妙想，令人感叹！

《周礼》的理想化色彩，还体现在国都的选址上。历史上，但凡新王朝的建都之地，或沿袭本国既有基础，或利用灭国旧址，以节省财经耗费，减少社会波动。《周礼》具体而微地提及如何通过用"土圭"之法选择"地中"，营建新都。《地官·大司徒》云：

> 以土圭之法测土深，正日景，以求地中。日南则景短，多暑；日北则景长，多寒；日东则景夕，多风；日西则景朝，多阴；日至之景尺有五寸，谓之地中。天地之所合也，四时之所交也，风雨之所会也，阴阳之所和也，然则百物阜安，乃建王国焉。

由上文可知，《周礼》作者已具备如下知识：在夏至之日的中午，在南方或者北方同时树立圭表，所得到的影长迥然有别。大体而言，"日南则景短多暑，日北则景长多寒，日东则景夕多风，日西则景朝多阴"，或多暑或多寒或多风或多阴，不利于百物生长，气候都不理想；只有"地中"，才是"天地之所合也，四时之所交也，风雨之所会也，阴阳之所和也"，才是建立王都的理想境地。地中如何寻找？必须是在"日至之景，尺有五寸"的地方，按照郑司农的解释："土圭之长尺有五寸，以夏至之日立八尺之表，其景适与土圭等，谓之地中。"[1]是夏至之日所立八尺之圭表，其影长与

---

[1] （汉）郑玄注，（唐）贾公彦疏，彭林整理：《周礼注疏·地官司徒第二》，上海：上海古籍出版社，2010年，353页。

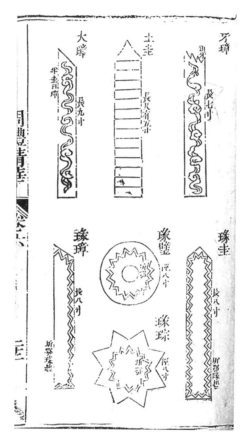

图七　土圭（采自清光绪十八年（1892）本《周礼精华》）

一尺五寸的土圭相吻合的地方。在《周礼》作者而言，王都是全社会政治、经济、文化的中心，理应与自然的中心重合，阴阳、四时周绕其旁，方苞说："必阴阳五行冲和会合，乃可谓中"①，可谓深得其旨。

平心而论，这种以土圭测日影、选地中的知识，与测量子午线长度有关。通常认为，唐开元年间僧一行为编撰《大衍历》而进行的天文实测，

① （清）方苞著，徐到稳整理：《周官析疑》，彭林、严佐之主编：《方苞全集》（第 3 册），上海：复旦大学出版社，2018 年，173 页。

是中国人最早测量子午线的长度。一行在南至交州、北至铁勒之间的辽阔之地共设十二个测量点，并在河南白马、浚仪、扶沟、上蔡等地测量夏至正午日影长和北极高，并通过与其他地方的测量相比较，得出地上南北相差351.27里，北极高度相差1度，并换算出北极高度变化1度，南北间距离为129.22公里。若说，西周便有如此天文知识，不免令人费解。

若说《周礼》是周公之典，那么成王所迁之洛，是否通过土圭法选定？作为周人最初的政治中心的宗周，偏在西北，在武王克商之后，若依然在此，则不利于统治全国，《尚书·洛诰》记载，周人克殷之初，"四方迪乱未定"，为便于镇抚四方，尤其监控殷商旧地及其妄图复辟的贵族，需要向中原腹地东移而迁洛。之所以选择洛，《尚书·洛诰》中周公说"我卜河朔黎水。我乃卜涧水东、瀍水西，惟洛食。我又卜瀍水东，亦惟洛食"，足见洛邑是周公通过占卜，在伊、洛、瀍、涧等几条临河之地选定，并非用土圭测量而得。

# 第二节　政区规划

《周礼》"体国经野"的内容非常具体，在确定王城之后，先将天下划分为"九畿"，进而确定国野，然后再逐层细分，并安排民户入住，从事生产活动。《夏官·大司马》云：

> 乃以九畿之籍，施邦国之政职。方千里曰国畿，其外方五百里曰侯畿，又其外方五百里曰甸畿，又其外方五百里曰男畿，又其外方

五百里曰采畿,又其外方五百里曰卫畿,又其外方五百里曰蛮畿,又其外方五百里曰夷畿,又其外方五百里曰镇畿,又其外方五百里曰蕃畿。

《大司马》规划天下疆土的格局,是九个同心的正方形,可谓极之特别。之所以不是同心圆环状,大概与古人的"天圆地方"之说有关。贾疏:"天子畿内千里,中置国城,四面至疆各五百里,百里为一节,封授不同。今则从近向远,发国中为始也。"① 意思是说,处于最中心位置的是方千

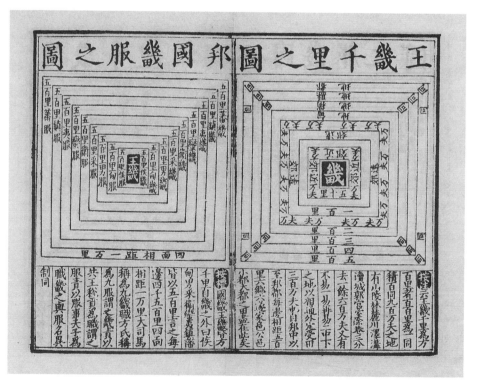

图八 九畿(采自北京大学图书馆藏宋刻本《周礼》)

① (汉)郑玄注,(唐)贾公彦疏,彭林整理:《周礼注疏·地官司徒第二》,上海:上海古籍出版社,2010年,467页。

里的国畿，是王城的所在地，故《夏官·职方氏》称之为"王畿"。以王畿为内核，依次层层往外扩展的侯畿、甸畿、男畿、采畿、卫畿、蛮畿、夷畿、镇畿、蕃畿，都是正方形，四方的宽度都是五百里，每畿的南北或东西相加，均为一千里。故九畿的四面，每一面的总和都是四千五百里。

王畿之内的区域，离开国都一百里处，称为"郊"；其中靠内侧的五十里称为近郊，靠外侧的五十里称为远郊。郊外之地统谓之"野"。

《周礼》最重要的居民组织是六乡和六遂：六乡布在"郊"，六遂分布在"野"。

乡，是《周礼》地方行政单位的最高一级，每乡之下，又细分为州、党、族、闾、比等五级行政单位。根据《地官·大司徒》的记载，六级行政单位包含的民户数，类似于军队编制，均有固定配置，从下往上，依次是：五家为比，每比五家；五比为闾，每闾二十五家；四闾为族，每族一百家；五族为党，每党五百家；五党为州，每州二千五百家；五州为乡，每乡一万两千五百家。六乡，共七万五千家。《地官·小司徒》云，在三年大比之时：

> 乃会万民之卒伍而用之。五人为伍，五伍为两，四两为卒，五卒为旅，
> 五旅为师，五师为军。以起军旅，以作田役，以比追胥，以令贡赋。

《周礼》每家出一人，构成军旅的伍、两、卒、旅、师、军，与六乡的比、闾、族、党、州、乡，完全一致；每乡一万两千五百人，是为一军。上古时代，兵民合一，但凡有战争来临，则每户出丁，自带武器，前往征战。天子六乡，故六军；大国三乡，故三军；小国一乡，故一军。

远郊百里之外称为"野"，管理野地之民的建制，从下往上依次为邻、里、酂、鄙、县、遂等六级，共有六遂，与"六乡"相似。《地官·遂人》云：

> 五家为邻，五邻为里，四里为酂，五酂为鄙，五鄙为县，五县为遂，皆有地域，沟树之，使各掌其政令刑禁，以岁时稽其人民，而授之田野，简其兵器，教之稼穑。

邻、里、酂、鄙、县、遂体系，与郊内的比、闾、族、党、州、乡体系相同；六遂户数递增之法与六乡亦无二致。五家为邻，每邻五家；五邻为里，每里二十五家；四里为酂，每酂一百家；五酂为鄙，每鄙五百家；五鄙为县，每县两千五百家；五县为遂，每遂一万两千五百家。六遂，七万五千家。之所以名称相异，不过是为了彰显野与国中异制。

在此，还要涉及"公邑"与"家邑"两个概念。公邑，郑玄说是"六遂余地"，六遂所在的野，宽四百里，地域远比郊大，将六遂七万五千家分置完毕后，尚有很大的空地。《遂人》"掌邦之野"，郑注："郊外曰野。此野谓甸、稍、县、都。"[1] 野之地，从二百里至五百里，由内往外，又细分为甸、稍、县、都四个区域，统称为野。公邑、家邑，就安排在"六遂余地"上；《地官·载师》：

> 以公邑之田任甸地，以家邑之田任稍地，以小都之田任县地，以大都之田任疆地。

---

[1] （汉）郑玄注，（唐）贾公彦疏，彭林整理：《周礼注疏·地官司徒第二》，上海：上海古籍出版社，2010年，551页。

公邑与家邑的区别有二，首先是治理者不同，其二是税收的归属不同。公邑由天子委派大夫治理，所收租税归天子所有；家邑，是公卿大夫的采地，收取地税，作为他们的俸禄。此外，王弟、王庶子的食邑也包括在内。析而言之，大夫的采地称家邑，卿的采地称小都，公的采地与王弟、王庶子的食邑称大都。《秋官·方士》"掌都家"，郑注："都，王子弟及公卿之采地。家，大夫之采地。大都在疆地，小都在县地，家邑在稍地。"①

《天官·大宰》"以九赋敛财贿：一曰邦中之赋，二曰四郊之赋，三曰邦甸之赋，四曰家削之赋，五曰邦县之赋，六曰邦都之赋，七曰关市之赋，八曰山泽之赋，九曰弊余之赋"。郑注："邦中，在城郭者。四郊去国百里，邦甸二百里，家削三百里，邦县四百里，邦都五百里。此平民也。"②

## 第三节　民政民生

《周礼》将自然资源的调查、统计、管控、保护、使用与开发，作为社会经济生活的基础，政府必须切实掌握。《地官·大司徒》云：

以天下土地之图，周知九州之地域广轮之数，辨其山林、川泽、丘陵、坟衍、原隰之名物。而辨其邦国都鄙之数，制其畿疆而沟封之，设其社稷之壝而树之田主。各以其野之所宜木，遂以名其社与其野。

①　（汉）郑玄注，（唐）贾公彦疏，彭林整理：《周礼注疏·秋官司寇第五》，上海：上海古籍出版社，2010年，1363页。

②　（汉）郑玄注，（唐）贾公彦疏，彭林整理：《周礼注疏·天官冢宰第一》，上海：上海古籍出版社，2010年，49页。

山林、川泽、丘陵、坟衍、原隰，及其出产的动植物、矿产等，是民众赖以生存，社会得以发展的物质条件，必须图绘、登记、造册，分配给民众使用。

《周礼》强调资源的合理使用，如天下四方之土，土色、黏度、酸碱性等指标，相去甚大，适宜种植的作物也多有不同，《周礼》用"土宜法"对"十二土"加以鉴别，指出每种土地的利与弊，教给适合当地土性的农作物，以有利于最大限度地发展人口、繁殖鸟兽、培育草木等，所以《大司徒》又云：

> 以土宜之法辨十有二土之名物，以相民宅，而知其利害，以阜人民，以蕃鸟兽，以毓草木，以任土事……辨十有二壤之物，而知其种，以教稼穑树艺。

《周礼》的民政管理，以公平、公正为基本原则，人人有事做，以农业为本，教育人们分辨不同的土质、耕种相应的作物，繁殖适合本土环境的鸟兽。

《周礼》民政事务管理最突出的一点，是尽可能体现政府在分配资源、分派力役、征收税物等方面所秉持的公平、公正、合理的意志。如《天官·大宰》将九种职业分给天下万民，使人人都有生计，各安其分，各得其所：

> 以九职任万民：一曰三农，生九谷；二曰园圃，毓草木；三曰虞衡，作山泽之材；四曰薮牧，养蕃鸟兽；五曰百工，饬化八材；六曰商贾，阜通货贿；七曰嫔妇，化治丝枲；八曰臣妾，聚敛疏材；九曰闲民，

无常职，转移执事。

九职：一是三农，即在原（高而平的地区）、隰（低而湿的地区）以及平地三处生产谷物的农民；九谷，说法不一，通常指黍、稷、谷、稻、麻、大小豆、小麦、粱、菰。二是管理圃园者，种植果蓏的地方称为"圃"，园是四周的藩篱。三是虞衡，掌山泽之官，管理山泽的材木。四是薮牧，泽无水为薮。牧，牧田，在此养殖飞禽走兽。五是百工，变化珠、象、玉、石、木、金、革、羽等八种材料，使之成为实用的器物或艺术品。六是商贾，行为商，坐曰贾。阜，是盛。货指金玉，贿指布帛；商贾的职责是让货贿广泛流通。七是嫔妇，指国中妇人中的有德行者，治理丝枲，织造布帛。嫔是妇人的美称。八是臣妾，指贫贱的男女，收集疏材（百草根实之可食者）。九是闲民，指无正式职业的闲民，多方转移，为人佣赁。如此，人人都能依靠正当的劳作自奉，同时服务于社会。

征收地税，亦需要兼顾各种差异，做到公平，《地官·大司徒》：

> 以土均之法辨五物九等，制天下之地征，以作民职，以令地贡，以敛财赋，以均齐天下之政。

土地有肥瘠，有无须休耕，有需要休耕的，《地官·大司徒》：

> 凡造都鄙，制其地域而封沟之。以其室数制之。不易之地家百亩，一易之地家二百亩，再易之地家三百亩。

按照郑司农的解释，凡划定王子弟公卿大夫采地时，要以室数控制。"不易之地，岁种之，地美，故家百亩。一易之地，休一岁乃复种，地薄，故家二百亩。再易之地，休二岁乃复种，故家三百亩。"①

国中分为六乡，乡人按照严格而划一的编制组织：

《地官·大司徒》：

> 令五家为比，使之相保；五比为闾，使之相受；四闾为族，使之相葬；五族为党，使之相救；五党为州，使之相赒；五州为乡，使之相宾。

《地官·乡大夫》：

> 以岁时登其夫家之众寡，辨其可任者。国中自七尺以及六十，野自六尺以及六十有五，皆征之。其舍者，国中贵者、贤者、能者、服公事者、老者、疾者皆舍。以岁时入其书。

以岁之四时，确定男女人数的多少，弄清其中可任使者。城郭中，从身高七尺（二十岁）到六十岁，野则从六尺（十五岁）到六十五岁，都有被征召去服徭役（筑作、挽引、修路、开渠等）的义务。可以不服徭役的人，是国中的贵者、贤者、能者、服公事者、老者、疾者。岁之四时，都要做成文书交给大司徒。

民众从政府得到土地，同时负有承担相应的义务。政府随时掌握民众的各种情况。

---

① （汉）郑玄注，（唐）贾公彦疏，彭林整理：《周礼注疏·地官司徒第二》，上海：上海古籍出版社，2010年，359页。

《地官·小司徒》：

> 乃颁比法于六乡之大夫，使各登其乡之众寡、六畜、车辇，辨其物，
> 以岁时入其数，以施政教，行征令。

小司徒将校比之法，颁给六乡大夫，要求各自确定本乡民数多少，以及马、牛、羊、豕、犬、鸡等六畜、车辇，家中的财物，以岁之四时，具录其数。

《地官·乡师》云：

> 以国比之法，以时稽其夫家众寡，辨其老幼、贵贱、废疾、马牛之物，
> 辨其可任者与其施舍者，掌其戒令纠禁，听其狱讼。

郑注：“施舍，谓应复免，不给繇役。”[1]

此乡师按照小司徒所颁予的“国比之法”，按四时稽考其男女众寡多少，辨其贵贱、老幼、废疾、牛马。辨其可任者，即上地家七人，可任者家三人之等。“施舍”，读为“弛舍”，对废疾老幼者复免，免除繇役。

《地官·遂人》云：

> 以岁时登其夫家之众寡及其六畜车辇，辨其老幼废疾与其施舍者，
> 以颁职作事，以令贡赋，以令师田，以起政役。

---

[1] （汉）郑玄注，（唐）贾公彦疏，彭林整理：《周礼注疏·地官司徒第二》，上海：上海古籍出版社，2010年，405页。

以岁之四时，确认男女人数的多少，弄清他们家中的六畜、车辇的数量，以及老人、幼儿、残疾，以及可以免除徭役的人，安排民众职事，缴纳贡赋，参加征战田猎，服徭役。

《地官·小司徒》云：

乃均土地以稽其人民而周知其数。上地家七人，可任也者家三人；中地家六人，可任也者二家五人；下地家五人，可任也者家二人。凡起徒役，毋过家一人，以其余为羡，唯田与追胥竭作。

于是佐助大司徒均平土地，据土地计考其人民可任不可任之事，完整地掌握其人数。一家男女七人以上，七人之中，一人为家长，其余六人，若强弱各半，则强而可担任力役之事者有三人，故授之以上地，因为所要赡养的人较多；一家六人之内，一人为家长，余下五人，强弱各半，为二人半，故两家的可任者为五人，故授以中地。男女五人以下，则授之以下地，因所要赡养的人少。凡有民徒作役兴起，征发人民参加，正卒，每家不超过一人，其余为羡卒，唯独田猎与追捕盗贼，才正卒、羡卒全体出动。

## 第四节　沟洫系统

六乡、六遂与公邑三处皆为沟洫法，三等采地乃为井田。

上古先民，大多选择靠近河湖处定居，以就地解决饮用与灌溉用水。《周礼》在郊外之野，规划了尺寸标准，整齐划一，呈网络化的沟洫、道路系统。《地官·遂人》云：

凡治野，夫间有遂，遂上有径；十夫有沟，沟上有畛；百夫有洫，

洫上有涂；千夫有浍，浍上有道；万夫有川，川上有路，以达于畿。

六遂之中的沟洫法。前面已经说过，六遂之地在"郊外曰野"之野，故云"凡治野"。《周礼》按照古制，以一夫百亩的标准授田。田呈南北方向陈列。在两个百亩之间开的水渠称为"遂"，遂上面的小路称为"径"；十夫之田为一千亩，十夫之田与十夫之田之间的水渠称为"沟"，沟上面的路称为"畛"；百夫之田为一万亩，百夫之田与百夫之田开的水渠称为"洫"，洫上面的路称为"涂"；千夫之田为十万亩，万亩之田与万亩之田之间的水渠称为"浍"，浍上面的路称为"道"；万夫之田为一百万亩，万夫之田与万夫之田的水渠称为"川"，川上有面的道称为"路"。

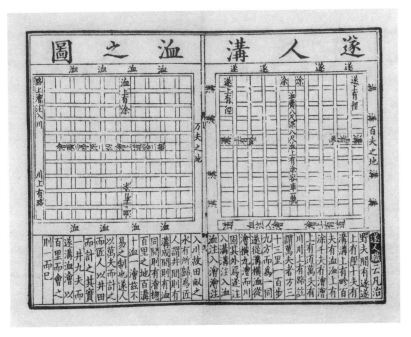

图九　遂人沟洫图（采自北京大学图书馆藏宋刻本《周礼》）

遂、沟、洫、浍，都通水入川。经文没有提及各种名目的水渠与道路的尺寸。郑玄说："遂，广深各二尺，沟倍之，洫倍沟。浍，广二寻，深二仞。"[①] 如此规范而宏大的水利系统，历史上没有一个朝代能做到。

径、畛、涂、道、路的作用，都是让车辆、行人徒通往国都，它们的宽度，没有明文记载。但文中有"川上有路""径容牛马"，可以据此推论。《内则》说："道有三涂，男子由右，女子由左，车从中央。"可见，正规的道路有三条。古代计算道路的宽度，通常用能容纳几辆车并行表示，一辆车的宽度为八尺，称为"一轨"。郑玄认为，川上的路，宽三轨；浍上的道，宽二轨；洫上的涂，宽一轨。沟上的畛略小，可容大车一轨，轨宽六尺。遂上的径比较窄小，不能容车，但可以容牛马及人步行。要言之，径容牛马，畛容大车，涂容乘车一轨，道容二轨，路容三轨。

《周礼》沟洫体系，纵横交错：一夫百亩之田，彼此之间的遂，都是南北纵向。十夫之田之间，则变成东西横陈于首端的沟。百夫之田之间，则为南北纵向之洫。如此一纵一横，最后直达于川。沟洫的宽度，则是翻倍加宽。

《地官·大司徒》分析五种地貌所适宜生长的动植物，按照尽可能公平的原则，分配给民众：

> 以土会之法辨五地之物生。一曰山林，其动物宜毛物，其植物宜阜物，其民毛而方。二曰川泽，其动物宜鳞物，其植物宜膏物，其民黑而津。三曰丘陵，其动物宜羽物，其植物宜核物，其民专而长。四

---

① （汉）郑玄注，（唐）贾公彦疏，彭林整理：《周礼注疏·地官司徒第二》，上海：上海古籍出版社，2010年，555页。

曰坟衍，其动物宜介物，其植物宜荚物，其民皙而瘠。五曰原隰，其动物宜裸物，其植物宜丛物，其民丰肉而庳。

凡造都鄙，制其地域而封沟之。以其室数制之。不易之地家百亩；一易之地家二百亩；再易之地家三百亩。乃分地职，莫地守，制地贡，而颁职事焉，以为地法，而待政令。

《周官》叙事，好用数字，如，大宰之职，有六典、八法、八则、八柄、八统、九职、九赋、九式、九贡、九两等十条执政大纲。

《天官·大宰》：

以八则治都鄙。一曰祭祀，以驭其神；二曰法则，以驭其官；三曰废置，以驭其吏；四曰禄位，以驭其士；五曰赋贡，以驭其用；六曰礼俗，以驭其民；七曰刑赏，以驭其威；八曰田役，以驭其众。

以九赋敛财贿：一曰邦中之赋，二曰四郊之赋，三曰邦甸之赋，四曰家削之赋，五曰邦县之赋，六曰邦都之赋，七曰关市之赋，八曰山泽之赋，九曰币余之赋。

《春官·大卜》掌三兆、三易、三梦之法，作龟之八命：

大卜掌三兆之法，一曰《玉兆》，二曰《瓦兆》，三曰《原兆》。其经兆之体，皆百有二十，其颂皆千有二百。掌《三易》之法，一曰《连山》，二曰《归藏》，三曰《周易》。其经卦皆八，其别皆六十有四。掌《三梦》之法，一曰《致梦》，二曰《觭梦》，三曰《咸陟》。其经运十，其别九十。以邦事作龟之八命，一曰征，二曰象，三曰与，四曰谋，五曰果，六曰至，七曰雨，八曰瘳。以八命者赞《三兆》《三易》《三梦》之占，以观国家之吉凶，以诏救政。

此外，《春官》所属之下列诸职，亦与《大卜》一样，执掌占卜的细则，无不充斥数字：

卜师，掌开龟之四兆，一曰方兆，二曰功兆，三曰义兆，四曰弓兆。

龟人，掌六龟之属，各有名物。天龟曰灵属，地龟曰绎属，东龟曰果属，西龟曰雷属，南龟曰猎属，北龟曰若属。

筮人，掌《三易》，以辨九筮之名，一曰《连山》，二曰《归藏》，三曰《周易》。九筮之名，一曰巫更，二曰巫咸，三曰巫式，四曰巫目，五曰巫易，六曰巫比，七曰巫祠，八曰巫参，九曰巫环。

占梦，掌其岁时，观天地之会，辨阴阳之气，以日、月、星、辰占六梦之吉凶。一曰正梦，二曰噩梦，三曰思梦，四曰寤梦，五曰喜梦，六曰惧梦。

视祲，掌十煇之法，以观妖祥，辨吉凶。一曰祲，二曰象，三曰镌，四曰监，五曰闇，六曰瞢，七曰弥，八曰叙，九曰隮，十曰想。

至此不难看出，《周礼》一书，"数字化"的程度相当之高，有些地方简直达到不可思议的地步，其背后则是理想化的意识在起作用。

陈寅恪《隋唐制度渊源略论稿·三职官》说：

《周礼》一书，其真伪及著作年代问题古今说者多矣，大致为儒家依据旧资料加以系统理想化之伟作，盖托古改制而未尝实行者，则无疑义也。①

金景芳在其《〈周礼〉作者和成年年代》一文中，也认为此书中有理想的成分：

> （《周礼》）作者得见西周王室档案，故讲古制极为纤悉具体。但其中也有增入作者自己的设想。例如封国制度、畿服制度一类的东西，就是作者自己设想所制定的方案。②

综上，《周礼》一书的制度太过整齐，各种数字的配合，精致灵巧，更是超乎现实，不见于任何朝代，若说没有理想的构拟，如何能服众？

---

① 陈寅恪：《陈寅恪集·隋唐制度渊源略论稿·职官》，北京：生活·读书·新知三联书店，2009 年，100 页。

② 金景芳：《〈周礼〉作者和成书年代》，杨伯峻主编：《经书浅谈》，北京：中华书局，1984 年，47—51 页。

# 第五章　治国思想

　　自古以来，中国人对于治国方略的取向，主要集中在法治还是德治的争论上，《论语·为政》说："道之以政，齐之以刑，民免而无耻。道之以德，齐之以礼，有耻且格。"《周官》治国理民的思想构成究竟如何？是法治，还是德治？抑或是其他学说？理清这些问题，对于深刻认识《周礼》一书，包括判定其成书年代，具有不可或缺的意义。

## 第一节　儒家思想

　　《周礼》一书，历来被认为是儒家经典，自然有其原因，至少说明此书的底色是儒家文化。《周礼》官制的基本面向，一是官府，属于执法机构；二是万民，属于立国之本，既是治理对象，又是依靠对象。两者特点不同，对待的方法自然也就不同。

　　《周礼》治民的原则是"道之以德，齐之以礼"，以教育与引导为主，希冀通过切实的道德教化提升大众素质，此等意识在书中随处可见。《天官·大宰》以"八统"治万民：

以八统诏王驭万民：一曰亲亲，二曰敬故，三曰进贤，四曰使能，

五曰保庸，六曰尊贵，七曰达吏，八曰礼宾。

亲亲、敬故、进贤、使能、保庸、尊贵、达吏、礼宾等"八统"，是
王亲自躬行、使民仿效的八条准则。宋儒叶时解释说："亲亲以教民相爱；
敬故以教民不偷；进贤则德行者升，使能则道艺者用；庸者保之，使其乐
事劝功；贵者尊之，使其用下敬上；达吏则拯穷拔滞，礼宾则亲仁善邻。"[①]
毋庸置疑，八者都是儒家思想。

《周礼》畿内、畿外的万民之与中央，距离或近或远，关系或亲或疏，
教化的程度或高或低，都要用得当的方式协调之。《大宰》以"九两"协
耦诸侯之国的民众：

以九两系邦国之民。一曰牧，以地得民；二曰长，以贵得民；三

曰师，以贤得民；四曰儒，以道得民；五曰宗，以族得民；六曰主，

以利得民；七曰吏，以治得民；八曰友，以任得民；九曰薮，以富得民。

"两"是耦的意思，上古有并耕之法，两人必须密切配合，协同用力，
称为"耦耕"。"系"是联缀。"以九两系邦国之民"，是以九种使民众
彼此结合的方式，联缀为一体，永不离散。"牧"指畿外九州牧伯、五等
诸侯之君、三等采地公卿大夫等有国邑者，故以其所领之地系民。"长"
即官长，指公卿大夫士等有爵位无国邑者，皆以位尊而领贱，故以贵系民。
"师"是有德行道艺而教人者，故以贤系民。"儒"是诵说诗书、通该术

① 　（宋）叶时：《礼经会元》卷一，《景印文渊阁四库全书》（第92册），台北：
商务印务馆，1986年，17页。

艺者，故以道系民。"宗"包括大宗、小宗，是纪理族人者。"主"是闲民执役之家长，故以利系民。"吏"指乡遂公邑之治民之官，故以治系民。"友"是同井相合耦锄作者，故以任系民。"薮"为主薮之虞，使民占取材物，故以富系民。九两之中，牧、长等系民之身，师、儒等系民之心。

根据大宰"八统""九两"的安民、教民的总精神，《地官·大司徒》以"十二教"教化民众，则是其核心部分：

> 一曰以祀礼教敬，则民不苟；
>
> 二曰以阳礼教让，则民不争；
>
> 三曰以阴礼教亲，则民不怨；
>
> 四曰以乐礼教和，则民不乖；
>
> 五曰以仪辨等，则民不越；
>
> 六曰以俗教安，则民不愉；
>
> 七曰以刑教中，则民不虣；
>
> 八曰以誓教恤，则民不怠；
>
> 九曰以度教节，则民知足；
>
> 十曰以世事教能，则民不失职；
>
> 十有一曰以贤制爵，则民慎德；
>
> 十有二曰以庸制禄，则民兴功。

教给民众祭祀亲人之礼，追养继孝，对死者尚知尊敬，则生者自然不会苟且应付。阳礼，指乡射礼、乡饮酒礼之类，行礼时要序齿，五十岁的站堂下，六十岁的在堂上，彼此都能以年齿礼让，则民众没有无耻争夺之心。阴礼，指男女婚姻之礼。男女本是异姓，冕而亲迎，是昏礼相亲之义；

婚姻及时，则男女没有怨旷之心。乐礼，是飨燕作乐之时，舞人周旋动容如果都能合礼节，便可以和同民心，民众不会乖离。仪，是指君南面、臣北面、父坐子伏之类的仪式，是尊卑、贵贱之间相处的法则，以此为教，民众就不会逾越。风俗，是人们在长期的社会生活中形成的，不轻率改变，否则民众会因为不适应而"愉"，就是苟且。若能尊重其旧俗而逐步化民，则民众能各安其业，不会朝不谋夕。以刑为教，做到量刑得当，民众就会中正为人，不做暴乱之事。面对灾危凶忧，如水旱、丧荒，要教育民众彼此相济，相忧相恤，则民众不会怠惰。度，指宫室车服有尊卑的法度，以此为教，则民懂礼节而知足。世事，指士农工商，世代传承的职业或技能，子孙述而行之，少而习之，则民众不失本职。人有贤行，即制爵颁予，则民皆知谨慎努力，矜矜于善德。庸，是功、业绩，人有功即制禄赏予，则民皆兴其功业。

孙诒让《周礼正义》说，《大司徒》的十二教，"谓教于党学及后祭祀、丧纪、昏冠、饮酒之礼事是也"[1]。十二教都是儒家倡导的礼仪，其顺序，以重急者为先，轻缓者为后。

儒家重教育，《尚书·太誓》说："天佑下民，作之君，作之师。"[2]《礼记·学记》说："先王建国君民，教育为先。"《地官·大司徒》执掌民政，亦以教育万民为中心：

> 以乡三物教万民而宾兴之。一曰六德，知、仁、圣、义、忠、和；二曰六行，孝、友、睦、姻、任、恤；三曰六艺，礼、乐、射、御、书、数。

---

① （清）孙诒让撰，王文锦、陈玉霞点校：《周礼正义》卷二十二，北京：中华书局，1987年，868页。

② 《孟子·梁惠王》引此语作："天降下民，作之君，作之师。"

乡中教育万民的三件事，即下文所说的六德、六行、六艺。兴，犹举。乡三物之教成，乡大夫举拔之，尊为宾客，用饮酒之礼表达敬意，并载入书册，献之于王，以备将来国家任用。

六德的内涵分别是：知，明于事理，临事不惑。仁，爱人及物。圣，能讲述圣人之道。义者，宜也，能随时断定宜与不宜。忠，言出于心，皆有忠实。和，不刚不柔，宽猛相济。

六行的内涵，善于父母为孝，善于兄弟为友，亲于九族（上至高祖，下至玄孙）为睦，亲于外亲为姻，信于友道为任，振忧贫者为恤。

六艺的细目，当依照《地官·保氏》的解释：礼，五礼之义。乐，六乐之歌舞。射，五射之法。御，五御之节。书，六书之品。数，九数之计。

《地官·大司徒》十二教中，核心是礼乐之教，而礼乐之教的目标指向，则是"中"与"和"：

> 以五礼防万民之伪而教之中，以六乐防万民之情，而教之和。

此处的"五礼"，应该就是《春官·大宗伯》所说的吉、凶、宾、军、嘉。"六乐"，郑司农认为就是《云门》《咸池》《大韶》《大夏》《大濩》《大武》。以五礼、六乐教民的宗旨，郑玄说："礼所以节止民之侈伪，使其行得中。乐所以荡正民之情思，使其心应和也。"[1]可谓深得经义者。《礼记·乐记》说"礼也者，理也"，礼是按照道德理性要求制订的典章制度、行为规范，民若依礼而行，则行为处处中正，不得奢侈僭伪。

---

① （汉）郑玄注，（唐）贾公彦疏，彭林整理：《周礼注疏·地官司徒第二》，上海：上海古籍出版社，2010年，373页。

礼可以使人的行为合于规范，但难以和谐人的心性，《礼记·乐记》说：
"心中斯须不和不乐，而鄙诈之心入之矣。外貌斯须不庄不敬，而易慢之
心入之矣。"乐之大用，正是在于能和谐人的心性，《乐记》说"大乐与
天地同和"，儒家深谙个中妙用，提倡以乐为教，《乐记》说"在宗庙之中，
君臣上下同听之，则莫不和敬；在族长乡里之中，长幼同听之，则莫不和顺；
在闺门之内，父子兄弟同听之，则莫不和亲"，可以收到润物细无声之效。
化民以礼乐为急，乐动于内，礼动于外，内外兼修，则彬彬然有君子风范。

《周礼》以德导夫先路，以礼整齐万民，唯有不愿听从教化，而且屡
屡出现负面情况的人，方才加以处理。《地官·大司徒》云：

> 凡万民之不服教而有狱讼者，与有地治者听而断之，其附于刑者，
> 归于士。

政府以礼乐化民，若万民之中有不服从于十二教，并且起狱讼者（争
罪为狱，争财为讼），则与其所在的乡州或都鄙的官吏，共同听取详情，
而后做出决断。若是小罪，则司徒可以决定如何处理。如果已触犯五刑之
法，则交由司寇、士师的属官处置。

《周礼》处理民政，以宽厚、仁慈为怀，处处体现"仁政"的精神，
《礼记·礼运》记述孔子"使老有所终，壮有所用，幼有所长，矜寡孤独
废疾者，皆有所养"的理想，在此得到全面贯彻，《地官·大司徒》的安
养万民之道是：

> 以保息六养万民：一曰慈幼，二曰养老，三曰振穷，四曰恤贫，

五日宽疾，六日安富。

保息六条，是安保民众，使之繁衍生息的政策。一是慈幼，慈爱幼小儿童，如生有三个孩子的母亲，政府发给两个孩子的食物，孩子在十四岁之前不从征发。二是养老，如《礼记·王制》说，"五十养于乡，六十养于国，七十养于学"。三是振穷，此处的"穷"，是指矜、寡、孤、独等四种"天民之穷"。四是恤贫，贷款给贫寒无财业者。五是宽疾，宽待残疾人，不让他们担任士卒，若有差役之事，承担一半即可。六是安富，富人承担的繇役，与普通人均平，不另外征取。

"以保息六养万民"，是社会在常态情况下的举措，若在社会出现突发灾害，民众无力应对之时，《周礼》规划了"荒政十二"等社会救助政策，施以援手。《地官·大司徒》云：

> 以荒政十有二聚万民：一曰散利，二曰薄征，三曰缓刑，四曰弛力，五曰舍禁，六曰去幾，七曰眚礼，八曰杀哀，九曰蕃乐，十曰多昏，十有一曰索鬼神，十有二曰除盗贼。

荒，年谷不熟，政府十二条救饥之政，足以聚拢民众，以防流离失所。一是散利，在丰年之时积聚多余的粮食，荒年散之，贷给种子、食物，秋熟时再还给公家，使民得利，故说是散利。二是薄征，根据受灾程度，减轻租税。三是缓刑，凶年犯刑，缓纵之。四是弛力，取消徭役。五是舍禁，古时有山泽之禁，平时不得入内采樵；逢有灾年，则取消围禁，允许民众入内摘取蔬食。六是去幾，取消关市之税。七是眚礼，眚，减省，眚礼，减省吉礼的礼数。八是杀哀，减省凶礼的礼数。九是蕃乐，闭藏乐器而不作。十是多昏，昏同婚，婚礼程序有六，以玄纁束帛为礼，凶荒之年，可以不备六礼而娶，使有女之家得以减少人口，男家则易得其妻，故说是多昏。十一是索鬼神，凶年来临，上下恐惧，不知得罪或者遗漏了何方鬼神，故四处搜索鬼神，若有废弃的祀庙，即行修葺、祷祈之。《诗经·大雅·云汉》说的"靡神不举"，正是这种场景。十二是除盗贼，饥馑之年盗贼多，急其刑以清除之。

　　上文索鬼神之祭不仅荒年有之，每年年终，六乡亦有之，《地官·党正》云："国索鬼神而祭祀，则以礼属民而饮酒于序，以正齿位。""国索鬼神"即岁十二月①大蜡之祭。春、夏、秋三时，万民务在田野，唯冬时农闲，故于此时习礼，教以尊长老及孝弟之道。《礼记·乡饮酒义》说："民知尊长养老，而后乃能入孝弟。民入孝弟，出尊长养老，而后成教。成教而后国可安也。君子之所谓孝者，非家至而日见之也，合诸乡射，教之乡饮酒之礼，而孝弟之行立矣。"很明显，《周礼》直接继承了儒家的孝悌理论，在精神上是一贯的，安排上则更为细密、周到。

## 第二节　法治思想

　　《周礼》治民，主要运用儒家思想，治官府则有鲜明的法治特色，所以《天官·大宰》的十条官法中，第二条就是"以八法治官府"，在整部

---

　　① 此为夏正十月，采孙诒让说。详见（清）孙诒让撰，王文锦、陈玉霞点校：《周礼正义》卷二十二，北京：中华书局，1987年，871页。

书中，不乏严格意义上的法治举措，如《大宰》"以八柄诏王驭群臣"：

> 以八柄诏王驭群臣。一曰爵，以驭其贵；二曰禄，以驭其富；三
> 曰予，以驭其幸；四曰置，以驭其行；五曰生，以驭其福；六曰夺，
> 以驭其贫；七曰废，以驭其罪；八曰诛，以驭其过。

以八柄驭群臣之说，当源自《韩非子·二柄》，韩非将刑与德作为"明主之所导制其臣"的法宝，"杀戮之谓刑，庆赏之谓德。为人臣者畏诛罚而利庆赏，故人主自用其刑德，则群臣畏其威而归其利矣"。显而易见，《周礼》以爵、禄、富、予、生五者驭其福，以夺、废、诛三者驭其过，不过是以韩非的二柄加以铺衍而成。

《周礼》奉行"德主刑辅"的理念，坚持教育为先的原则，这在全书中随处可见，如《地官·大司徒》云：

> 以乡八刑纠万民：一曰不孝之刑，二曰不睦之刑，三曰不姻之刑，
> 四曰不弟之刑，五曰不任之刑，六曰不恤之刑，七曰造言之刑，八曰
> 乱民之刑。

此乡八刑的前六刑与"乡三物"中的孝、友、睦、姻、任、恤六行相对。贾疏云："上设三物教万民，民有不从教者，则设刑以刑之。"[①] 最后的"造言之刑"与"乱民之刑"是不服教化、以言行乱民者的刑罚。

《大司徒》又云："凡万民之不服教而有狱讼者，与有地治者听而断

---

① （汉）郑玄注，（唐）贾公彦疏，彭林整理：《周礼注疏·地官司徒第二》，上海：上海古籍出版社，2010年，372页。

之，其附于刑者，归于士。"上以礼乐化民，若民有不服教化而起争斗者，大司徒与治民之官共同审理，凡触及刑律者，交由士官处罚。《周礼》正是用儒学统一人们的思想，不从教化者，以乡八刑纠之。

通观《周礼》全书，可知行政管理相当严密，定岗、定编、定责，定期考核、定量分析，赏罚严明，升降及时，具有很强的操作性，以下略举数例。

**官员考核。**《天官·宰夫》职云："岁终则令群吏正岁会；月终则令正月要；旬终则令正日成。"官员的工作小结有三种，每十天一次的，称为"日成"；每月一次的，称为"月要"；年底的总结，称为"岁会"。孙诒让说："通言之，成、要、会通曰计，而会为岁计，校成、要为大，故云大计。"[①]对百官的考核由大宰总负责、小宰佐贰。六官正贰分别在旬末、月末和岁末命令属官呈报治绩。

日计交予当官之长，月计交由小宰呈报，岁会汇总于大宰。《天官·大宰》云："岁终，则令百官府各正其治，受其会，听其致事，而诏王废置。"《大宰》贾疏云："百官致其治政功状，与冢宰听断其所置之功状文书，而诏告于王。"[②]听岁会，旨在课考吏治得失。此外，每三年还有一次大计，《大宰》云："三岁，则大计群吏之治，而诛赏之。"随之而来的则是诛赏。

考课的依据和标准，是大宰八法中的官成和官计。《大宰》云："五曰官成，以经邦治。"郑司农说，官成就是"官府之成事品式"[③]，即有文籍部书可稽校、案验的先例。文籍簿书有八类，即《天官·小宰》之官

---

① （清）孙诒让撰，王文锦、陈玉霞点校：《周礼正义》卷一，北京：中华书局，1987 年，41 页。

② （汉）郑玄注，（唐）贾公彦疏，彭林整理：《周礼注疏·天官冢宰第一》，上海：上海古籍出版社，2010 年，68 页。

③　同上，40 页。

府八成：

> 一曰听政役以比居，二曰听师田以简稽，三曰听闾里以版图，四
> 曰听称责以傅别，五曰听禄位以礼命，六曰听取予以书契，七曰听卖
> 买以质剂，八曰听出入以要会。

八事皆听，吴廷华说："听，察也。"[1] 是上对下的审查、听断。"八成"
于平治的对象有咨决、校考、辩论、陈乞等法。《小宰》八成，是检查官
员工作情况的根据。"比居"即伍籍，载记每地可任力役者的姓名，以之
检核赋役情况是否相符。"简稽"即士卒兵器之簿书，以之检核师田发众
庶时人员兵器是否相符。"版图"即人民之版和土地之图，以之检核闾里
的户口、土地情况是否相符。"傅别"即债券，以之检核债款与利息数目
是否相符。"礼命"即国之礼命文书，以之检核官员的禄位是否相符。按
照孙诒让之说，"书契"是指官民财用颁授的簿书[2]，以之检核取予情况是
否相符。"质剂"即地官质人所掌之商业成交券书，以之检核市场买卖情
况是否相符。"要会"是官内自用物之簿书，以之检核入出的情况是否相符。
比居等八者，是相关官员的工作记录或原件汇档，岁终作为考核的依据。

**互相制约。** 民户多少是关乎国计民生的头等大事，《商君书》载，秦
国每年统计的十三种数字中，就有"壮男壮女之数、老弱之数、官士之数、
以言说取食者之数、利民之数"[3] 等各类人口数字，可见对人口问题的重视。

---

① 孙诒让《周礼正义》引吴廷华语，见（清）孙诒让撰，王文锦、陈玉霞点校：《周
礼正义》卷五，北京：中华书局，1987 年，168 页。

② （清）孙诒让撰，王文锦、陈玉霞点校：《周礼正义》卷五，北京：中华书局，
1987 年，173 页。

③ 蒋礼鸿：《商君书锥指》卷一《去彊第四》，北京：中华书局，2017 年，34 页。

《周礼》亦是如此。《秋官·司民》载，三年大比时，司民以万民之数上报司寇，司寇在孟冬祠司民之日，"献其数于王，王拜受之，登于天府"。

毋庸讳言，历朝政府最感困扰者，正是贪官猾吏上下其手，隐瞒或虚报人口，侵吞赋税，私分公款。《周礼》防微杜渐的方法是，令地官与秋官两大系统同时参与，彼此牵制。地官官员的日常工作之一，便是实时掌握民众人数，如六乡的闾胥"以岁时各数其间之众寡"，清点本闾之内户口多少，一年要做四次，掌握的数字绝对精确。之后，族师集合一族四闾之民，一一"校登"，亲自目验，严防欺诈。党正则在现场监督。作为一乡最高长官的乡大夫，亦须四时检稽人口。

地官查核的人数情况，《秋官》有专门的官署负责详细登记，《秋官·司民》云：

> 掌登万民之数，自生齿以上皆书于版，辨其国中与其都鄙及其郊野，异其男女，岁登下其死生。

男孩八月、女孩七月生齿，凡是年龄在此之上者，都要在户籍上登记，并注明其性别、所属地区是在国中、都鄙还是郊野。人口增加、死亡情况则每年随之更正。

每隔三年，地官、秋官都要大规模复查户籍，《地官·小司徒》云："及三年，则大比。"郑注："大比，谓使天下更简阅民数及其财物也。"[1]《秋官·小司寇》云："及大比，登民数，自生齿以上，登于天府。"地

---

① （汉）郑玄注，（唐）贾公彦疏，彭林整理：《周礼注疏·地官司徒第二》，上海：上海古籍出版社，2010 年，385 页。

官与秋官属于不同的部门，平时不相沟通，但双方掌握的民数必须一致，才可证明没有作弊或统计错误。

**讲求效率**。法家治国，要求官员职责明确，尽职尽力；此外，掌握处置权，避免事无巨细、层层上达，耗时误事。商鞅说："治国者贵下断，故以十里断者弱，以五里断者强。家断则有余，故曰：'日治者王。'官断则不足，故曰：'夜治则强'。君断则乱，故曰：'宿治则削。'"①凡事都要国君裁处，则政事拖延不决，国力必然削弱。因此，商鞅明确提出"无宿治"的要求："无宿治，则邪官不及为私利于民，而百官之情不相稽。"②

《周礼》将各级官员是否及时执行政府法令，如期完成工作，作为考核的重点。《天官·宰夫》云："治不以时举者，以告而诛之。"郑玄说，所谓"不时举"，是指"违时令，失期会"，孙诒让说："违时令，若十二月之政令，先后违其时节。失期会，谓事之共办有期限，而怠废不办失期者也。"③凡此，都要"告而诛之"。

**核定技术**。凡从事技术性工作者，则要考核其实际水平。如：《天官·医师》云："岁终，则稽其医事以制其食。十全为上，十失一次之，十失二次之，十失三次之，十失四为下。"根据其治愈人数的比例，将其技术分为五等，作为评定禄食的依据。《天官·兽医》亦云"（凡兽之）死则计其数，以进退之"，与此相类，以医死兽的数量，决定其进退。又如《天官·酒正》云"以酒式诛赏"，以造酒法式的善与不善，作为诛赏

---

① 蒋礼鸿：《商君书锥指》卷二《说民第五》，北京：中华书局，2017 年，41 页。

② 蒋礼鸿：《商君书锥指》卷一《垦令第二》，北京：中华书局，2017 年，6 页。

③ （清）孙诒让撰，王文锦、陈玉霞点校：《周礼正义》卷六，北京：中华书局，1987 年，211 页。

依据。《天官·女御》"以岁时献功事"和《天官·典妇功》"及秋献功"
之献功，都要献上自己的手工产品，岁终，由内宰检查其粗良并确定赏罚。
即使是占卜者，亦不例外，《春官·占人》云"凡卜筮，君占体，大夫占色，
史占墨，卜人占坼。……岁终，则计其占之中否"，每年岁终，都要总计
卜筮占之与否的成绩而考核之。凡此，都贯穿着法家"上能"的精神。

**严于管理。**涉及财物管理的官员是否称职，则主要看其管理、经营能
力。《天官·宰夫》云：

> 掌治法以考百官府、群都、县鄙之治，乘其财用之出入。凡失财、
> 用，物辟名者，以官刑诏冢宰而诛之。其足用、长财、善物者，赏之。

乘，计。乘其财用之出入，就是以书契、版图，以及月要、岁会等资料，
通计财用出入之数，检查其管理情况，决定赏罚。江永说：足用，是指"度
支有方而用不匮"；长财，"经理有法而财自生"；善物，"如牧养肥充、
制作精良之类"，三者都属于称职，应当奖赏[①]。与此相反的是，"失财、
用，物辟名者"，孙诒让说：名与物必相应，"若以盬为良，以恶为美，
则物与名违舛不相应"，就是"物辟名"。财失则不长，用失则不足，即
使管理不善，应该"以官刑诏冢宰而诛之"[②]。

对官员的考核，除官员呈报功状、正长考课之外，还通过派官员下行
巡察，来搜集和了解官员的治绩。《地官·司谏》云："巡问而观察之，

---

① （清）江永：《周礼疑义举要》卷一，《景印文渊阁四库全书》（第101册），
台北：商务印书馆，1986年，721页。

② （清）孙诒让撰，王文锦、陈玉霞点校：《周礼正义》卷六，北京：中华书局，
1987年，199页。

以时书其德行道艺，辨其能而可任于国事者。以考乡里之治，以诏废置，以行赦宥。"通过巡问观察，以考乡里之治，所得情况更为可靠、确切，以作补察之用。

《周礼》一书中，"灋"（法）字出现的频率很高，无论是在宏观的层面，还是具体的环节上，都已屡见不鲜，这是很可注意的现象，例如：《春官·大宰》的十条官法中，第二条就是"以八法治官府"：

> 以八法治官府。一曰官属，以举邦治；二曰官职，以辨邦治；三曰官联，以会官治；四曰官常，以听官治；五曰官成，以经邦治；六曰官法，以正邦治；七曰官刑，以纠邦治；八曰官计，以弊邦治。

此外，每年周之正月朔日，大宰要向天下宣布治典于畿外邦国、畿内都鄙，以及乡遂公邑，同日，悬治象之法于王宫之象魏，令万民前往观看，《天官·大宰》云：

> 正月之吉，始和布治于邦国都鄙，乃县治象之法于象魏，使万民观治象，挟日而敛之。

大宰每年新岁都例行此举，其他首长多是如此，只是所悬之法，是本部门所掌之法，如教象之法、政象之法、刑象之法等：

《地官·大司徒》：

> 正月之吉，始和布教于邦国都鄙。乃县教象之法于象魏，使万民观教象，挟日而敛之。

《夏官·大司马》：

> 正月之吉，始和布政于邦国都鄙，乃县政象之法于象魏，使万民观政象，挟日而敛之。

《秋官·大司寇》：

> 正月之吉，始和布刑于邦国都鄙，乃县刑象之法于象魏，使万民观刑象，挟日而敛之。

六乡官员州长、党正、族师、闾胥四职，均有属民读法的职责，读法次数疏密不一，读法的时间，一般在岁首、月吉或祭祀、丧纪等众庶聚集之时。

《地官·州长》云："正月之吉，各属其州之民而读法"，"若以岁时祭祀州社，则属其民而读法"，"正岁，则读教法如初"。"正月之吉"，贾疏说是指"建子之月一日"[1]。"岁时祭祀州社"，贾疏："此云岁时，唯谓岁之二时春秋耳。春祭社以祈膏雨，望五谷丰熟；秋祭社者，以百谷丰稔，所以报功"[2]；"正岁"，指夏正建寅之月[3]。因此，州长每年在正月之吉、仲春、仲秋祭州社以及正岁等四次聚集众庶读法。

《地官·党正》云："及四时之孟月吉日，则属民而读邦法，……春

---

① （汉）郑玄注，（唐）贾公彦疏，彭林整理：《周礼注疏·地官司徒第二》，上海：上海古籍出版社，2010年，422页。

② 同上，423页。

③ 同上，424页。

秋祭禜，亦如之"，"正岁，属民读法"。郑注："禜谓雩禜水旱之神。"①
是在党一级设坛位的固定祭祀。如此，则党正有四时孟月吉日及春秋祭禜
等六次读法，此外正岁还有一次读法，正岁在寅月，属孟春，前已有四孟
吉日读法，故于此月又择日重复读之。所以党正于一岁之中七次属民读法。

《地官·族师》云："月吉，则属民而读邦法，……春秋祭酺，亦如
之。"郑注云："月吉，每月朔日也。"②则一年十二月，每月朔日皆读法。
酺是族一级设坛位的固定祭祀，亦在仲春、仲秋之时，郑注云："酺者，
为人物灾害之神也。"③可见族师一年之中十四次属民读法。

《地官·闾胥》云："凡春秋之祭祀、役政、丧纪之数④，聚众庶；既比，
则读法。"闾胥读法次数最多，凡因事聚集众庶都要读法。"既比"，既
训已，案比事竟，众庶未散，则留之读法。聚众庶无定时，故读法亦无数。

六乡读法，大体官尊者属民读法次数稀，官卑者属民读法次数密，闾
胥属民读法的次数多于族师，故全年读法至少在四十次以上，平均一月不
少于三次，这是《管子》《荀子》所未曾梦及的，殆是理想中的构拟。

毋庸讳言，以上所引之"法"，通常都被理解为"法律"，似无人加
以细究。最早质疑此事者，为钱穆先生。钱先生指出，作为法律意义上的
"法"的概念出现很晚。西周有刑而无法。故《书》称《吕刑》，而不称《吕
法》。金文中虽有"灋"字，与《周礼》相同，但均当"废"字讲，迄今
尚无例外。子产铸刑书，亦称"辟"而不称"法"。所以，"古人治国，

---

① （汉）郑玄注，（唐）贾公彦疏，彭林整理：《周礼注疏·地官司徒第二》，上海：
上海古籍出版社，2010 年，425 页。

② 同上，433 页。

③ 同上，434 页。

④ 王引之："之数"当是"之事"之误。说详（清）王引之撰，虞思徵、马涛、
徐炜君校点：《经义述闻》卷八，上海：上海古籍出版社，2016 年，478—479 页。

只知有'礼'与'刑'耳，'礼'与'刑'之外，似不知所谓'法'"，"而《周官》所谓'悬法使万民观'之制度，则其事断当尚在后。大抵此等事态，其兴起应尚在魏国李悝之后也"，"'悬法象魏，使万民观'，此正近似吴起、商鞅城门置令之办法，而特重加以学者间之一番理想化。此岂周公之所制，又岂春秋前之所有乎？"①。但《管子》中已有读法雏形，与《周礼》或有渊源关系，但法律之法在中国晚期，当无疑问。

《周礼》中的"法"，大多可以解释为法则、方法等，如《司会》"以九贡之法致邦国之财用，以九赋之法令田野之财用，以九功之法令民职之财用，以九式之法均节邦之财用"，其中的九贡之法、九赋之法、九功之法、九式之法，均无法律之意涵，就只能当"法则"讲。此外，《周礼》中的水平之法、井田之法、王次之法、妇学之法、口税之法、赞治之法、牢礼之法、荐羞之法、田猎之法、取鱼之法、吊诸臣之法等，也都是当条文、规章、程序、法度等义，读者不得以文害义。

# 第三节　阴阳与五行思想

作为一部讲官制的书，《周礼》一书非常务实，但是作为一部以人法天的理想国典制，作者又赋予它浓厚的阴阳五行思想色彩，以便为此书取得形而上的理据。

中国人自古看重阴阳，万事万物，无不具有阴阳属性，如男女、生死、昼夜、阴晴、日月、南北等皆是，而天地乃是阴阳在自然界中的最高体现。

---

① 钱穆：《周官著作时代考》，《两汉经学今古文平议》，北京：商务印务馆，2001年，370页、376页。

《周礼》对天地的礼拜仪式为最高等级，最为隆重。大宗伯掌邦国之礼，以禋祀、实柴、槱燎之礼祀天神，以血祭、埋沉、疈辜之礼祭地示。春官大司乐有冬日至地上圜丘礼天神，夏日至泽中方丘礼地祇之制。宋儒叶时说："盖冬至阳生，天属阳，故冬至于圜丘阳位以礼天神，夏至阴生，地属阴，故夏至于方丘阴位以祭地祇，此天神地祇之祭必求阴阳之义。"①

《周礼》几乎将所有祭祀都归入阴、阳二类，《地官·牧人》云："凡阳祀，用骍牲，毛之；阴祀，用黝牲，毛之。"阴祀，是指祭地于北郊及社稷；阳祀，是指祭天于南郊及宗庙。日月也被作为阴阳之精对待。《秋官·司烜氏》云："掌以夫遂取明火于日，以鉴取明水于月，以共祭祀之明齍、明烛，共明水。"《周礼》祭祀所用的明火、明水分别取诸日月。

阴阳在人类社会的体现是男女，最权威的代表者则是王与后。为使阴阳平衡，《周礼》设计了王与后两个宫廷系统：王有六寝（《天官·宫人》），称为南宫，居阳位；后有六宫（《天官·内宰》），称为北宫，居阴位。两人的属官亦完全对应，王有三公，后有三夫人；王有六官之长和六乡大夫等十二卿，后有十二宫卿。

宫廷管理方面，王有天官之小宰掌"王宫之政令"，后有天官之内宰"治王内之政令"。内宰诏后掌礼仪、丧祭，岁终会计赏罚；中春，诏后帅外内命妇始蚕于北郊；正岁宪禁令于王之北宫等；一应大事，与小宰职掌大略相同。后宫甚至还设计了有一套与王宫对应的阴令、阴礼等。

《天官·内宰》云："凡建国，佐后立市，设其次，置其叙，正其肆，陈其货贿，出其度、量、淳、制，祭之以阴礼。"王者建国，辨方正位，

---

① （宋）叶时：《礼经会元》卷三，《景印文渊阁四库全书》（第92册），台北：商务印务馆，1986年，116页。

最基本的的原则是面朝后市，王立于朝，南面而治天下；与之相对，后北面而立，治市；此为阴阳相成之义。贾疏说："朝是阳，王立之；市是阴，后立之。"① 可见，"面朝后市"，为阴阳对称。

王安石对《周礼》阴阳思想详加辨析，指出书中许多虽无"阴阳"二字，但确有阴阳思想的地方，如《春官·小宗伯》云："掌建国之神位，右社稷、左宗庙。"王安石解释说："右，阴也，地道之所尊，故右社稷；左，阳也，人道之所向，故左宗庙。"② 又如《春官·典命》云，"上公九命为伯，侯伯七命，子男五命。王之三公八命，其卿六命，其大夫四命，及其出封，皆加一等"，王安石解释说："公侯伯子男之命，以九、以七、以五，皆阳数，人君故也；公卿大夫之命，以八、以六、以四，皆阴数，人臣故也。"③ 阴阳思想在《周礼》设官分职中的重要地位，于此可见一斑。

《周礼》蕴含的五行思想比较隐晦，故鲜有学者提及，在此略作勾稽。中国的五行之说，起源于殷代或者更早的"五方"，甲骨文已有东土、南土、西土、北土、中土之名。其后，《尚书·洪范》以金木水火土为五行。到战国，有人将五方与五行结合为一体，并且推广到所有的事物，于是而有五色、五声、五脏、五畜、五季（春夏秋冬加季夏）等五行象类之说。以鸡、犬、羊、豕、牛与五季配合，即是其中之一。

《春官·大宗伯》掌祭祀，致祭时有奉牲的专职官员：牛人、鸡人、羊人、犬人。依理，他们均应隶属于大宗伯才是。但是，《周礼》并未如

---

① （汉）郑玄注，（唐）贾公彦疏，彭林整理：《周礼注疏·天官冢宰第一》，上海：上海古籍出版社，2010 年，249 页。

② （宋）王安石：《周官新义》卷八，《景印文渊阁四库全书》（第 91 册），台北：商务印书馆，1986 年，92 页。

③ （宋）王安石：《周官新义》卷九，《景印文渊阁四库全书》（第 91 册），台北：商务印书馆，1986 年，99 页。

是安排，而是将牛人属地官、鸡人属春官、羊人属夏官、犬人属秋官。《冬官》虽亡，但学者以三隅反之，其下属当有豕人一职，至确。《周礼》如此归属，乍看极费索解，若对照五行说，即可冰释。

将牛人、鸡人、羊人、犬人、豕人安排在地官以及春夏秋冬四时之官内，意在把牛、鸡、羊、犬、豕分属于五行，这种分属法在周秦之际很流行。《墨子·迎敌祠》将鸡与东方相配，狗与南方相配，羊与西方相配，彘与北方相配。贾谊《新书·胎教篇》与此全同，但又以牛与中央相配。《吕氏春秋》十二纪与此不尽相同：春为羊、夏为鸡、季夏为牛、秋为犬、冬为彘；可见《周礼》五畜的分属法与《吕氏春秋》最相似。

《周礼》之牛人属《地官·司徒》，使之兼有五行中央土的位置，很是巧妙。司徒，古又作"司土"，《礼记·月令》郑注："牛，土畜也。""土"与"地"古可通用。《广雅·释地》云："地，土也。"《白虎通·五行》云："地，土之别名也。"金文所见司徒每每书作"司土"，《免簋》《矢人盘》等器均可为证。徒字从土得声，徒、土得通，司徒暗含司"土"之义。《春秋繁露·五行之义》云："土居中央，为之天润。土者，天之股肱也，其德茂美，不可名以一时之事，故五行而四时者，土兼之也。金木水火虽各职，不因土，方不立，……土者，五行之主也。"可见，汉人认为中央土是天与五行的联结点。

《周礼》六牲如何分颁五官？《春官·小宗伯》郑玄引郑司农说："司徒主牛，宗伯主鸡，司马主马及羊，司寇主犬，司空主豕。"[①]可见司徒、宗伯、司马、司寇、司空等五官，分别代表五行的土、木、火、金、水，

---

① （汉）郑玄注，（唐）贾公彦疏，彭林整理：《周礼注疏·春官宗伯第三》，上海：上海古籍出版社，2010 年，702 页。

五官在大祭祀时分奉五牲，毋庸置疑，正是按五行象类行事。

综上所述，《周礼》治国思想的构成，既有儒家思想，又有法家思想，还有阴阳思想、五行思想，显示了多元一体的特色。历史上，儒家思想形成于春秋末期，法家思想则兴起于战国。阴阳观念最早见于《周易》，五行则初见于《洪范》。儒与法的结合，始于战国晚期的荀子。阴阳与五行的合流，始于战国的邹衍。将儒、法、阴阳、五行铸为一炉，不得早于战国晚期，这是我们从《周礼》书中看到的年代烙印。

# 第六章　注疏与版本

作为古文经的《周礼》，能传播至今，成为一部久盛不衰的经典，为之做出贡献者代有其人，其中最杰出的三位功臣，是郑玄、贾公彦和孙诒让。在《周礼》版本的流传过程中，又不断有善本面世。

## 第一节　《周礼》郑注与贾疏

图十　郑玄像（采自清宣统
修《常州郑氏宗谱》）

据《后汉书·郑玄传》，郑玄，字康成，北海高密（今属山东）人，年轻时任乡啬夫，不乐意为吏，辞官回家后，常到当地学宫学习，其父为此多次发怒，但不能阻止。郑玄到太学学习，先拜京兆第五元先为师，学《京氏易》《公羊春秋》等今文经学，又从东郡张恭祖学习《周礼》《礼记》《左氏春秋》《韩诗》《古文尚书》。其后，郑玄自觉崤山以东再无可问学之人，便西入关中，通过涿郡卢植的介绍，师事著名经学家扶风马融。

郑玄游学十数年后回归乡里，因家境贫困，租种东莱人的田地，而追随他的学徒已有数百甚至上千人。"党锢之祸"时，郑玄被限制活动，遂杜门不出，隐修经业，志在"述先圣之玄意，思整百家之不齐"①，因而遍注群经，如《周易》《尚书》《毛诗》《周礼》《礼记》《论语》《孝经》《尚书大传》等，无一遗漏。其中"三礼"用力最深，成就最为卓著，成为汉代经学研究最重大的事件。又撰《天文七政论》《鲁礼禘祫义》《六艺论》《毛诗谱》《驳许慎五经异义》《答临孝存周礼难》等，凡百万余言。

汉人注经以繁琐著称，行文芜累，有人注《尚书》"尧典"二字，居然用去三万余字；加之师法家法，今文古文，均不得杂越；读者往往不得要领。郑氏能贯通"三礼"，发明义例，去取谨慎，裁断得当；又打通今古文，择优而从；凡经文意思清楚处则不出注，必须出注处则用字精审，要言不繁，郑注之简明，罕有其匹，他注《礼记》四十九篇，有些篇的注文居然少于经文。范晔《后汉书》称赞其"括囊大典，网罗众家，删裁繁诬，刊改漏失，自是学者略知所归"②。

郑玄的《周礼注》《仪礼注》《礼记注》合称"郑氏《三礼注》"，卓然特立，孤行百代，无人能与之比肩，故郑注出而各家注本尽废。"三礼"之名，亦为举世所公认。郑玄是全注"三礼"的第一人，其学博洽，自成体系，人称"郑学"。郑学不明，则礼学终究不能明，故礼家无不奉之为不祧之祖。唐孔颖达说"礼是郑学"，诚为不刊之论。汉儒以《易》《诗》《书》《春秋》名家的很多，而以《礼》名家者，郑玄一人而已。顾炎武

---

①　（南朝宋）范晔撰，（唐）李贤等注：《后汉书》卷二十五《郑玄传》，北京：中华书局，1965 年，1209 页。

②　同上，1213 页。

《述古诗》称赞郑玄说："大哉郑康成，探赜靡不举。六艺既该通，百家亦兼取。至今三礼存，其学非小补。"① 郑玄《三礼注》的出现，是"三礼"之学走向成熟的主要标志。

图十一　清嘉庆戊寅年（1818）黄氏士礼居刊本《周礼郑氏注》

魏晋时期，学者解经，各抒胸臆，故歧义纷陈，莫衷一是。唐代，政府命孔颖达领衔为"五经"做正义，对六朝义疏做总结。唐人"五经"中的"礼"已经换成《礼记》。高宗永徽年间，贾公彦作《周礼义疏》五十卷、《仪礼注疏》四十卷；其后杨士勋撰《春秋谷梁传疏》、徐彦撰《春秋公羊传疏》，虽属私修，但与孔颖达主持编修的《五经正义》并称《九经正义》，同立于学官，用于取士。

---

① （明）顾炎武：《顾炎武全集》21集，《亭林诗文集·述古》，上海：上海古籍出版社，2011年，451页。

　　贾公彦，洺州永年（今属河北）人，生卒年不详。永徽中，官至太学博士，事迹具《旧唐书·儒学传》。贾氏深于"三礼"之学，曾以国子助教的身份参与孔颖达主持的《礼记正义》的编撰。贾公彦本着"疏不破注"的原则，对郑义做了极为深入的诠释。郑注含蓄，往往点到为止，让读者自己领会；不少地方，往往省略推导的证据，只说结论。但凡这些地方，贾氏都详细列出郑注所依据的材料。

　　六朝义疏资源丰富，但歧义纷呈，贾氏网罗诸说，做系统清理，精审考订；对经文的难解之处，每每发凡起例，令读者能持简驭繁，贯其汇通。贾氏对器物度数的疏解，旁征博引，穷本究源，每每令人耳目一新，学界有"发挥郑学，最为详明"之誉。《朱子语录》称"《五经》中，《周礼疏》

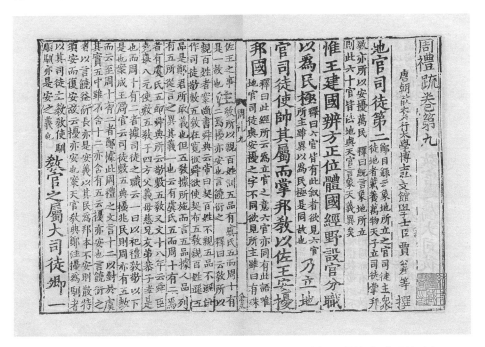

图十二　中国国家图书馆藏宋两浙东路茶盐司刻宋元递修本《周礼疏》
（采自《中华再造善本》）

最好"①。朱子深于《礼》，故能知郑、贾之善云。

## 第二节　孙诒让的《周礼正义》

图十三　孙诒让像
（采自《清代学者象传》）

孙诒让，字仲容，号籀庼，浙江瑞安人，晚清经学的殿军，朴学大师，精研古学垂四十年，著书三十余种。其中，光绪二十五年（1899）完稿的《周礼正义》八十六卷，历时二十年，成就最高，堪称清人新疏的典范，章太炎誉之为"三百年绝等双"。

《周礼》经东汉郑玄作注，唐贾公彦作疏，遂为定本。但此经以官职纷繁，文字多古，聚讼日久，向称难治。同治七年（1868），孙诒让以为《周礼》一经，乃周公致太平之法，为政教所自出，便决心要为此经作新疏。为《周礼》做新疏，难度之大，超过任何一部儒家经典，因为《周礼》六官涵盖天地四方百物，天文、历算、地理、人事，几无遗漏，凡是经注所及之处，必须做出解读，甚至要推翻旧说，提出新说，断然不得"留白"，故作者要有浩瀚广博的学术、

---

① （宋）黎靖德编，王星贤点校：《朱子语类》卷八十六《礼三》，北京：中华书局，1986年，2206页。

超迈前贤的史识。孙诒让的《周礼正义》没有辜负学界的期待，成为古代《周礼》研究的收官之作。最初，孙氏备搜前贤之说，做成《长编》，继而订补郑注贾疏，考辨学者异说。1873 年着笔，沉潜二十六年，至 1899 年撰为《周礼正义》八十六卷。章太炎赞许为"古今之言《周礼》者莫能先也"[①]。梁启超对此书也推崇备至，说"这部书可算清代经学家最后的一部书，也是最好的一部书"[②]。

孙氏在《周礼正义》书首用"十二凡"，总结该书的撰作旨趣与特色，兹撮要介绍如下。

其一，经注文本的校勘，萃集了清儒校勘学的最高成就。严格校定《周礼》本经与郑注，是新疏立足的基础。校勘之学为治学工具之一，但久久未成专门之学。入清，斯学大盛，附庸蔚为大国，成绩骄人。如唐开成石经的文本价值，宋明诸儒多无认知。顾炎武、张尔岐为其嚆矢，其后经严可均、彭元瑞、冯登府、陈鳣、阮元等深入探究，方知开成石经为"古本之终，今本之祖"（严可均语），继而有"石经学"之诞生。孙氏此书，经文即以石经为主，而充分吸收清人研究成果。此外，《周礼》单注本，清人搜罗之宋本不在少数，而明嘉靖五年（1526）刻本乃仿宋椠校刻而成，虽为明刻，而精审远在诸宋本之上，故孙氏注本以此本为主，兼采宋婺州唐氏刻本、黄丕烈新校本等。

其二，唐陆德明《经典释文》一书，"所采汉魏六朝音切凡二百六十余家。又兼载诸儒之训诂，证各本之异同。后来得以考见古义者，注疏之外，

① 章太炎：《太炎文录初编·孙诒让传》，《民国丛书》第 3 编（第 83 册），上海：上海书店，1991 年，51 页。

② 梁启超：《中国近三百年学术史》，北京，中国华侨出版社，2007 年，153 页。

惟赖此书之存”①，人称“六朝以前经文之渊海”②，其中之《周礼》，亦多存六朝异本异读，殊为难能，南宋张淳，清卢文弨、惠栋、段玉裁、顾广圻、阮元等多曾措手于此，故孙氏亦尽行采纳，以存六朝旧本之辜较。

其三，清人新疏全录经注，于疏则多是间采，孙氏亦然。《周礼》贾疏乃是据六朝沈重《周礼义疏》重修，尚称简当，尽管朱子等推戴有加，而孙氏有清醒认识，认为不足之处尚多，故欲矫其失：

> 凡疏家通例，皆先述经，次述注。然郑注本极详博，贾氏释经，随文阐义，或与注复，而释注转多疏略，于杜、郑三君异义，但有纠驳，略无申证，故书今制，孳核阙如。③

其四，郑玄是礼学功臣，唐儒尊郑，有疏不破注之惯例，并以恪守“家法”为标榜。孙诒让认为“郑学精㽞群经，固不容轻破”④，但是，经学研究当以寻求经文确解为宗旨，故六朝义疏家并不以郑说为定论。即便是郑玄本人，凡与前辈学者杜子春、郑兴、郑众违异处，亦不曲从。故孙氏匡纠郑注悖逆经义者，多达“数十百事”，是为孙氏的重要贡献。

其五，《周礼》体大思精，文繁事富，学者读之，多沉溺其中，无法自拔。孙诒让此书，以大宰“八法”为全书纲领，并逐一甄释，使之脉络分明，经义显现，为经世致用的学者提供“稽古论治之资”。

---

① （清）永瑢等：《四库全书总目》卷三十三《经部三十三·五经总义类》，北京：中华书局，1965年，270页。

② （清）叶德辉撰，杨洪升点校：《郋园读书志》卷二，上海：上海古籍出版社，2010年，78页。

③④ （清）孙诒让撰，王文锦、陈玉霞点校：《周礼正义》凡例卷一，北京：中华书局，1987年，2页。

其六，学者治礼，异说纷纭，如郑玄、王肃之争，尤其激烈，故自来有"议礼如聚讼"之说，作者力求至当，"无所党伐，以示折中"[①]。

其七，《周礼》为古文经，所述古制，与大小戴《礼记》《公羊春秋》多不合，故广征群籍，甄别其合者，疏通别白其不合者，使两者不相混淆。

其八，《周礼》一书有四十多个"古文奇字"，郑玄作注时，多以汉代通行的"今字"改易，以求通俗，凡四十八字：

| | | | | | | | | |
|---|---|---|---|---|---|---|---|---|
| 戲漁 | 澺法 | 聯連 | 頒班 | 於于 | 孜考 | 示祇 | 眂視 | 政征 |
| 叙序 | 袁邪 | 哉災 | 鱻鮮 | 盨粱 | 皋罪 | 貍埋 | 劀刮 | 壹一 |
| 槀栗 | 虩暴 | 毄核 | 毓育 | 靑省 | 嬾美 | 嫚姻 | 匲枢 | 藉鞿 |
| 馭御 | 毅繫 | 敂叩 | 彊强 | 篹筮 | 飆風 | 裸果 | 鬻煮 | 嘑呼 |
| 靁雷 | 磬韶 | 侑宥 | 歔吹 | 齮邻 | 虞鑢 | 卦兆 | 寱夢 | 摬拜 |
| 䛠稽 | 逪原 | 叄三 | | | | | | |

在资料的收集上，博采诸家之说。孙氏将资料的范围上推至《五经异义》所引的古《周礼》说，其年代可能早于杜林、郑玄；其次是贾逵、马融、干宝等三家的古训，尽管大多亡佚，但多存古训，故尽可能搜集，而不计较与郑玄的异同。六朝、唐人经疏中凡议及礼者，亦多详加甄录。

《周礼》涉及天文历算之处甚多，如《地官·大司徒》"以土圭测日景"等皆是，郑注据《九章算术》及纬书《考灵曜》等唐以前算经、占经推步，而明清学者有采用西法密率计算，孙诒让主张从历史实际出发，反对以周、

① （清）孙诒让撰，王文锦、陈玉霞点校：《周礼正义》凡例卷一，北京：中华书局，1987年，3页。

汉人所不知的新法求证，体现了尊重历史的理念。

　　唐人作疏，多沿袭六朝旧本，但多掩其出处，殊失厚道。孙诒让指出，如贾公彦《周礼疏》乃据沈重《周官义疏》重修，而引用之处，绝无说明。此风至清犹然，如胡培翚《仪礼正义》间有袭用贾公彦疏者，郝懿行《尔雅义疏》亦多沿用邵晋涵《尔雅正义》，但均讳莫如深。孙诒让深恶痛绝之，声明"非肤学所敢效也"①，故此书凡有称引他人之说，必定标明出处，

图十四　1931 年笛湖精舍刻本《周礼正义》

　　①　（清）孙诒让撰，王文锦、陈玉霞点校：《周礼正义》凡例卷一，北京：中华书局，1987 年，2 页。

如《周礼正义》"于旧疏甄采精要，十存七八。虽间有删剟移易，而绝无屡改。且皆明楬贾义，不敢攘善"①，旨在为学林作典范。

《周礼正义》取材宏富，旧疏新解尽行搜集，然后分类比较，又与文献所见古制相印证，以决是非，持论公允，实事求是。凡有诸说不一，而又不能立断是非者，则并存之，留待读者自决；名物考订，尤其精审，且能充分运用清代的天文、历算知识，水平远超汉唐旧疏，久享盛誉。

孙诒让的《周礼正义》，最初的印本是 1903 年上海求新图书馆樊时勋的铅活字印行本，凡二十册。此后，有孙氏家藏的 1905 年（清光绪三十一年）铅铸版初印本，此本经孙诒让亲自校订，习称"乙巳本"。1931 年，湖北笛湖精舍木刻的楚学社本，凡六十册。1933 年，商务印书馆《万有文库》的排印本，凡二十四册。1936 年，中华书局《四部备要》的排印本，凡二十八册。1987 年，王文锦、陈玉霞先生依据以上版本，以新式标点整理的八十六卷本《周礼正义》由中华书局出版，凡十四册。

## 第三节　阮元的注疏合刻本

《周礼》的郑注、贾疏，是《周礼》学的双璧，但直到北宋末，两者都是各自单独刊行的。后唐长兴三年（932）冯道主持刊刻《五代监本九经》，"将西京石经本各以所业本经句度抄写注出"②，其中的《周礼》，乃是最早的"单经本"。

---

① （清）孙诒让撰，王文锦、陈玉霞点校：《周礼正义》凡例卷一，北京：中华书局，1987 年，2 页。

② （宋）王溥：《五代会要》卷八，杭州：杭州出版社，2004 年，2080 页。

孔颖达《毛诗正义》说："汉初为传训者，皆与经别行。《三传》之文不与经连，故石经书《公羊传》皆无经文……及马融为《周礼》之注，乃云欲省学者两读，故具载本文。"[1] 自从马融作《周礼注》，"欲省学者两读"，把注文分条附在经文之下，才有所谓的"经注"本。岳珂《九经三传沿革例》中提到的京本、监本、蜀本、潭州本、婺州本、建州本等，都是单注本。当时的"疏"，也是脱离经注，单独行世的，称为"单疏本"。新、旧《唐书·艺文志》所录《周礼疏》，以及《郡斋读书志》《直斋书录解题》所录宋代单疏本《周礼》，都是五十卷。

宋室南渡之初，有人"为省两读"，将经注与疏合刻，遂有"注疏本"之名。南宋高宗绍兴年间，两浙东路茶盐司将旧刊《周礼》等的"正经注疏，萃见一书，便于披绎"，此本称"越本"，因版式为每半页八行，故又称"八行本"，也是五十卷。

其后，又有人将唐陆德明的《经典释文》散附于经注之后的，故又有"附释音注疏"之名，这种刻本极便于读者，故流传最广。最早的《附释音周礼注疏》，见于南宋建刻《附释音十三经注疏》中，因其版式为每半页十行，故称"十行本"。十行本作四十二卷，与八行本不同。

明嘉靖中，李元阳在闽中用十行本重刻《十三经注疏》，是为"闽本"。万历中，北京国子监又用闽本翻刻，是为明"北监本"。崇祯中，常熟汲古阁毛氏又用北监本翻刻，是为"毛本"。如此递相反刻，讹误日甚。乾隆四年（1739），武英殿参稽诸本，校刻《十三经注疏》，虽多所是正，但未能尽扫落叶。

---

[1]　（汉）郑玄笺，（唐）孔颖达疏，朱杰人、李慧玲整理：《毛诗注疏》卷一，上海：上海古籍出版社，2013 年，4 页。

图十五　阮元像（采自《清代学者象传》）

　　有感于此，清代乾嘉经学的山斗阮元乃会集相关学者，以扬州文选楼旧藏的建刻十行本为底本，主持校刻《十三经注疏》，并于嘉庆二十年（1815）在南昌府学开雕，《附释音周礼注疏》四十二卷本即是其中之一。但阮氏所据的十行本，为元代的建刻坊本，并非宋世建刻原本，讹误较多，校勘记亦随之繁冗，加之参与此役者水平参差不齐，亦不皆尽心，出现了某些"底本不误，阮本反误"的现象，故阮元自己也不以为是善本。

　　国家图书馆所藏宋元递修两浙东路茶盐司刻五十卷本《周礼疏》，校刻质量远优于阮本，近年上海古籍出版社以此为底本、参校诸本而成的《周礼注疏》，校勘记明显少于阮本。

图十六　上海古籍出版社 2010 年出版《周礼注疏》

# 第七章 历代研究述要

作为儒家经典的《周礼》，内涵极为丰富，举凡"天子侯国建制、疆域划分、政法文教、礼乐兵刑、赋役财用、冠昏丧祭、服饰膳食、宫室车马、农商医卜、天文律历、工艺制作，可谓应有尽有，无所不包"①，因此，历代学者，多能从中找到感兴趣的课题，并留下了大量著述。

## 第一节 汉唐的《周礼》研究

《周礼》之学的兴起，刘歆是第一位关键人物。刘向校书中秘，发现《周礼》，并载入《别录》，这部古文经遂为世人所知。当时，众儒并出共排，以为非是，唯刘歆独有好感，马融《周官传》说：

> 唯歆独识，其年尚幼，务在广览博观，又多锐精于《春秋》。末年，乃知其周公致太平之迹，迹具在斯。②

① 钱玄、钱兴奇编著：《三礼辞典·自序》，南京：凤凰出版社，2014年，1页。
② （汉）郑玄注，（唐）贾公彦疏，彭林整理：《周礼注疏·周礼正义序》，上海：上海古籍出版社，2010年，5—6页。

荀悦《汉纪》说："刘歆奏请《周官》六篇，列之于经，为《周礼》。"①
《隋书·经籍志》说："至王莽时，刘歆始置博士，以行于世。"②从《序
周礼废兴》看，所谓《周礼》"以行于世"，似乎弟子不少，但境况并不
如人意，他们大多死于乱世，唯独杜子春一线单传，但已是耄耋高龄。东
汉初，杜子春设席授业，传《周礼》之学，郑众、贾逵等鸿儒均仰承其说，
一时歆学勃兴，注家蜂起：

> 奈遭天下仓卒，兵革并起，疾疫丧荒，弟子死丧。徒有里人河南
> 缑氏杜子春尚在，永平之初，年且九十，家于南山，能通其读，颇识其说，
> 郑众、贾逵往受业焉。众、逵洪雅博闻，又以经书记传相证明为《解》，
> 逵《解》行于世，众《解》不行。③

郑众、贾逵，是杜子春弟子中的佼佼者。《新唐书·艺文志》说，有
马融《周官传》十二卷，贾逵《周礼解诂》，郑玄《周官注》十三卷、《周官音》
三卷。由《序周礼废兴》引郑玄《序》可知，郑兴、郑众父子，卫宏，也
都做过《解诂》。斯学之盛，于此可见。郑玄高度评价以上学者的学术贡献：

> 玄窃观二三君子之文章，顾省竹帛之浮辞，其所变易，灼然如晦
> 之见明，其所弥缝，奄然如合符复析，斯可谓雅达广揽者也。然犹有参错，
> 同事相违，则就其原文字之声类，考训诂，捃秘逸。谓二郑者，同宗

---

① 《汉纪》原文为"歆以周官十六篇为《周礼》"，见（汉）荀悦、（晋）袁宏撰，
张烈点校：《两汉纪》，北京：中华书局，2017年，435页。
② （唐）魏徵：《隋书·经籍志》，北京：中华书局，1973年，925页。
③ （汉）郑玄注，（唐）贾公彦疏，彭林整理：《周礼注疏·周礼正义序》，上海：
上海古籍出版社，2010年，6页。

之大儒，明理于典籍，粗识皇祖大经《周官》之义，存古字，发疑正读，亦信多善，徒寡且约，用不显传于世。今赞而辨之，庶成此家世所训也。①

郑玄的《周礼注》似乎直接承传于马融，《隋书·经籍志》说："马融作《周官传》，以授郑玄，玄作《周官注》。"② 在汉代所有为《周礼》作注的学者中，郑玄无疑是最出色的一位。王粲说："伊、洛已东，淮、汉之北，（郑玄）一人而已，莫不宗焉。咸云先儒多阙，郑氏道备。"③ 贾公彦说："《周礼》起于成帝刘歆，而成于郑玄。"④ 可谓的当之论。由于郑注的出现，"是以《周礼》大行，后王之法"⑤，甚是。

郑玄注"三礼"是经学史上的重大事件，但是在郑玄身后发生的另一个重大事件，则是王肃的"王学"挑战"郑学"的"郑王之争"。王肃亦长于礼学，著有《周官注》十二卷。

王肃将女儿嫁与司马昭，由此与

图十七　王肃像（台北"故宫博物院"藏）

①　（汉）郑玄注，（唐）贾公彦疏，彭林整理：《周礼注疏·周礼正义序》，上海：上海古籍出版社，2010年，6页。

②　（唐）魏徵：《隋书·经籍志》，北京：中华书局，1973年，925页。

③　（后晋）刘昫等撰：《旧唐书》卷一百二《元行冲传》引，北京：中华书局，1975年，3180页。

④⑤　（汉）郑玄注，（唐）贾公彦疏，彭林整理：《周礼注疏·序周礼废兴》，上海：上海古籍出版社，2010年，7页。

当政的司马氏联姻。王氏凭借政治靠山，将其所作包括《三礼注》在内的经注全部立于学官。《魏志》载，甘露元年（前53）四月，高贵乡公曹髦幸太学，与诸博士讨论经义。曹髦所持皆郑义，博士则不然，如《尚书》"稽古同天"，郑说是"尧同于天"，王说是"尧顺考古道而行之"，帝问：当以何说为是？博士庾峻称"肃义为长"。曹髦以郑说驳斥王说，庾峻答曰："臣奉遵师说。"[1] 足见王肃之说在太学的影响。王肃为与郑学争胜，不惜意气用事，在经义的说解上处处与郑玄立异，以自我标榜，企图与郑玄争夺经学盟主的地位，例如：《周礼》王有南郊祭天与圜丘祭天的记载，郑玄维护此说，认为郊天、圜丘是二，不在一处；王肃说郊即圜丘，两者是一；郑玄说鲁唯一郊，王肃说鲁冬至郊天，建寅之月又郊以祈谷，是为二郊。

《尚书·舜典》说"禋于六宗"，但有其数而无其名，郑君以星、辰、司中、司命、风师、雨师等为六宗。王肃取《家语》宰我问六宗，孔子曰"所宗者六，埋少牢于大昭祭时，相近于坎坛祭寒暑，王宫祭日，夜明祭月，幽宗祭星，雩禜祭水旱"[2] 为证，与郑说相左。

《周礼·春官·守祧》"守祧掌守先王先公之庙祧"，郑玄依据《礼记》的《王制》与《祭法》等篇记载，认为此处的庙，是指大祖之庙与三昭、三穆等七庙。大祖与文武之庙百世不迁，为了保持七庙之数的恒定，高祖以上的先王必须随着新主的进入迁走，先公的迁主藏在大祖之庙，先王的迁主藏在文武之庙。王肃认为，天子九庙，文武之庙不包括在三昭三穆之

---

① （晋）陈寿撰，（唐）裴松之注：《三国志》卷四《魏书四·高贵乡公纪》，北京：中华书局，1959年，136页。

② （清）孙诒让撰，王文锦、陈玉霞点校：《周礼正义》卷三十三，北京：中华书局，1987年，1313页。

内，云云。

郑玄不可能毫无疏漏，王肃处处与之相左，逢郑必反，虽然偶有歪打正着之处，但毕竟缺乏与郑玄抗衡的整体实力，故在当时就遭到郑玄后学的激烈抨击。王学终究未能代替郑学，唐人修《九经正义》，"三礼"全采郑注，便是最正确的历史选择。

魏晋南北朝时期，国家分裂，局势动荡，朝野研究经学，包括研究《周礼》的学者依然不在少数。政府修订朝典仪规，都以"三礼"为主要依据，许多学者擅长礼学，如沈峻之于《周礼》、鲍泉之于《仪礼》、贺德基之于《礼记》，皆有盛名，为一时之选。南齐"三礼"学最著名的学者是王俭和刘瓛。雷次宗精于"三礼"，学术声望堪与郑玄相匹，时人以"雷、郑"并称。学者毕力著述，蔚然成风，何承天有《礼论》三百卷传世，何佟之撰吉、凶、军、宾、嘉五礼，共一千余卷，堪称盛事。杜预、裴松之、蔡超宗、贺循、葛洪等都有礼学著作行世。

魏晋六朝的《周礼》研究之作，见于史书记载的有：干宝《周官注》十二卷、《答周官驳难》五卷，司马伷《周官宁朔新书》八卷，傅玄《周官论评》十二卷，崔灵恩《集注周官礼》二十卷，陈劭《周官礼异同评》十二卷，孙略《周官礼驳难》四卷，沈重《周官礼义疏》四十卷，不著名《周官礼义疏》十九卷、十卷、九卷各一种，《周官分职》四卷，《周官礼图》十四卷等，今多已亡佚。总体而言，六朝义疏，说经未必遵从汉儒之注，可以各抒胸臆。

唐初，为了扭转六朝以来经说歧异的局面，太宗命国子祭酒孔颖达领衔为《周易》《尚书》《毛诗》《礼记》《左传》等五经作"正义"，做出最权威的经解。贞观十六年（642）起，五十余位学者，以三十年之功，

图十八　孔颖达像（采自明万历《三才图会》）

修成《五经正义》一百八十卷。但随后即发现书中存在某些问题。高宗永徽二年（651），即孔颖达死后三年，诏中书门下与国子三馆博士、弘文馆学士考正，尚书左仆射于志宁、右仆射张行成，侍中高季辅就加增损，后又经马嘉运校定，长孙无忌、于志宁等再加增损，永徽四年（653）颁行天下，作为科举取士的标准用书。

唐《五经正义》之外的四部经典，有民间学者为之作疏，《周礼》《仪礼》为贾公彦所作；《公羊传》为徐彦所作，《穀梁传》为杨士勋所作，虽然都属于私修，但均被列入官学，与《五经正义》并称《九经正义》或《九经疏》。

九经的篇幅，相差悬殊，政府为显示"公平"，按字数多少将九经分为三等：

> 凡《礼记》《春秋左氏传》为大经，《诗》《周礼》《仪礼》为中经，《易》《尚书》《春秋公羊传》《谷梁传》为小经。通二经者，大经、小经各一，若中经二。通三经者，大经、中经、小经各一。通五经者，大经皆通，余经各一；《孝经》《论语》皆兼通之。①

① （宋）欧阳修、宋祁：《新唐书》卷四十四《选举志上》，北京：中华书局，1975年，1160 页。

以上规定，貌似公平，其实不然，因为经除字数差别之外，尚有难易不同，学者多避难趋易，中经多选《诗》，小经多选《易》《尚书》，如此，《周礼》《仪礼》《公羊》《谷梁》四经惨遭冷落，不绝如缕。

## 第二节　宋明的《周礼》研究

汉儒解经，注重训诂，从准确诠释文本字义入手，推求经旨。宋代学风丕变，学者研究经典，以发挥义理为本，重在探求"圣人制作之本义"，而以典制为末，认为文字考订，无关宏旨，宋儒治学门径迥异于两汉，最突出的现象有三：

一是鄙视汉代经师。汉人尊重经师之说，宋儒不然，"唐及国初，学者不敢议孔安国、郑康成，况圣人乎？自庆历后，诸儒发明经旨，非前人所及，然排《系辞》，毁《周礼》，疑《孟子》，讥《书》之《胤征》《顾命》，黜《诗》之《序》，不难于议经，况传注乎！"[①]学者好谈经，但多不信注疏，不遵古义，视汉儒如土梗。程颐非常看重古礼对于移风易俗、端正人心的作用，说"礼一失则为夷狄，再失则为禽兽"[②]；程氏倡导推行古礼，对婚礼、葬礼、祭礼等，都有专门的论述[③]，但对文本的研究不甚重视，认为得其精神即可，不必拘泥于文字训诂云："经所以载道也，诵其言辞，解其训诂而不及道，乃无用之糟粕耳。"[④]又说："善学者，要不为文字所梏。

① （宋）王应麟：《元本困学纪闻》卷八《经说》引陆务观语，北京：国家图书馆出版社，2017年，211页。

② （宋）程颢、程颐：《二程集·河南程氏遗书》，北京：中华书局，1981年，43页。

③ （宋）程颢、程颐：《二程集·伊川先生文六》，北京：中华书局，1981年，620页。

④ （宋）程颢、程颐：《二程集·与元方宗手帖》，北京：中华书局，1981年，671页。

故文义虽解错，而道理可通行者不害也。"①王安石、李觏、司马光等也都不恪守经注，勇于质疑，欧阳修、苏轼、苏辙都直言《周礼》不可信。真德秀说：

> 郑、贾诸儒，析名物，辨制度，不为无功，而圣人微旨终莫之睹。惟洛之程氏、关中之张氏……独得圣经精微之蕴。②

宋人鄙弃训诂，如何读懂经书？唯有"得其节文，乃可推制作之精意"，其弊端自不待言，故清人对此颇有批评：

> 《周礼》自宋以后，胡宏、季本各著书，指摘其瑕衅至数十万言。③
> 郑康成《注》，贾公彦、孔颖达《疏》，于名物度数特详。宋儒攻击，仅摭其好引谶纬一失，至其训诂则弗能逾越。盖得其节文，乃可推制作之精意，不比《孝经》、《论语》可推寻文句而谈。④

二是礼学研究，《周官》独盛。宋儒对《周礼》的看法，截然两途，一是笃信《周礼》是周公之典；二是以《周礼》刘歆伪作；二说冰炭不投。两宋大儒，泰半笃信《周礼》，褒扬备至，如：

---

① （宋）程颢、程颐：《二程集·外书》，北京：中华书局，1981年，378页。
② （宋）真德秀序王与之《周礼订义》语，见（清）朱彝尊撰，林庆彰等主编：《经义考新校》卷一百二十四《周礼五》，上海：上海古籍出版社，2010年，2305页。
③ （清）永瑢等：《四库全书总目》卷十九《经部十九·礼类一》《周礼传》条下，北京：中华书局，1965年，154页。
④ 同上，149页。

石介说："《周礼》《春秋》，万世之大典乎？周公、孔子制作。……呜呼！《周礼》明王制，《春秋》明王道，可谓尽矣。执二大典以兴尧舜、三代之治，如运诸掌。"①

张载说："《周礼》是的当之书，然其间必有末世添入者，如盟诅之属，必非周公之意。"②

孙处说："周公居摄六年之后，书成归丰，而实未尝行。盖周公之为《周礼》，亦犹唐之显庆、开元礼，预为之以待他日之用，其实未尝行也。惟其未经行，故仅述大略，俟其临事而损益之。"③

李觏说："觏窃观《六典》之文，其用心至悉，如天焉有象者在，如地焉有形者载。非古聪明睿智，谁能及此？其曰周公致太平者，信矣。"④

朱熹视周公为万世圣贤，因而将西周政典作为光耀千古的至治之极，感叹《周礼》之可信、可尊："大抵说制度之书，惟《周礼》《仪礼》可信。"⑤ "《周礼》是周公遗典也。""《周礼》一书好看，广大精密，周家法度在里。"⑥ "《周礼》规模皆是周公做"，"其间细碎处虽可疑，其大体直是非圣人做不得。"⑦

---

①　（宋）石介：《徂徕石先生文集》，北京：中华书局，1984年，77页。

②　（宋）张载：《张载集》，北京：中华书局，1978年，248页。

③　（清）永瑢等：《四库全书总目》卷十九《经部十九·礼类一》郑樵《通志》引，北京：中华书局，1965年，149页。

④　（宋）李觏：《周礼致太平论》，曾枣庄、刘琳主编：《全宋文》（第42册），卷九〇一，上海：上海辞书出版社，2006年，108页。

⑤　（宋）黎靖德编，王星贤点校：《朱子语类》卷八十六《礼三》，北京：中华书局，1986年，2203页。

⑥　同上，2204页。

⑦　同上，2210页。

图十九　朱熹像（采自明万历
《三才图会》）

而以《周礼》为伪作的学者，如欧阳修、胡宏等，大多是王安石变法的反对派，他们因厌恶王安石变法，而厌恶《周礼》，故百计千方从中寻找攻击点，但未必就是无理取闹，往往能击中要害。反对派将政治与学术搅杂为一，企图彻底推倒王安石的《周官新义》，但似乎太过。四库馆臣说：

> 宋儒喜谈三代，故讲《周礼》者恒多。又鉴于熙宁之新法，故恒牵引末代弊政，支离诘驳，于《注》、《疏》多所攻击，议论盛而《经》义反淆。①

今观此书，惟训诂多用《字说》，病其牵合。其余依《经》诠义，如所解"八则"之治都鄙，"八统"之驭万民，"九两"之系邦国者，皆具有发明，无所谓舞文害道之处。故王昭禹、林之奇、王与之、陈友仁等注《周礼》，颇据其说，《钦定周官义疏》亦不废采用。又安可尽以人废耶？②

①　（清）永瑢等：《四库全书总目》卷十九《经部十九·礼类一》《周礼述注》条下，北京：中华书局，1965年，155页。

②　（清）永瑢等：《四库全书总目》卷十九《经部十九·礼类一》《周礼新义》条下，北京：中华书局，1965年，150页。

三是《周礼》研究受《周官新义》影响很深。《宋史·艺文志》所收录的《周礼》研究专门之作有：王昭禹《周礼详解》四十卷，龚原《周礼图》十卷，杨时《周礼义辨疑》一卷，江与山《周礼秋官讲义》一卷，夏休《周礼井田谱》二十卷，史浩《周礼讲义》十四卷，郑谔《周礼解义》二十二卷，黄度《周礼说》五卷，徐焕《周官辨略》十八卷，陈傅良《周礼说》一卷，徐行《周礼微言》十卷，易祓《周礼总义》三十六卷，刘彝《周礼中义》十卷，胡铨《周礼传》十二卷，林椅《周礼纲目》八卷，郑景炎《周礼开方图》一卷，郑伯谦《太平经国书统集》七卷，魏了翁《周礼折衷》二卷、《周礼要义》三十卷，王与之《周礼订义》八十卷等，几乎未见超迈前贤之作。

由于王安石位高权重，所撰《周官新义》完全脱离传统的经注疏的体例，自立纲目，各抒胸臆。学者望风披靡，纷纷仿效。

王与之撰《周礼订义》八十卷，所采旧说总共五十一家，唐以前仅杜子春、郑兴、郑众、郑玄、崔灵恩、贾公彦等六家，其余四十五家都是宋人，凡文集、语录无不搜采。四库馆臣说："盖以义理为本，典制为末，故所取宋人独多矣。"①而所引宋人之说，十之八九已亡佚，由于此书而得以保存，故有一定价值。

王昭禹《周礼详解》，五官的《叙官》全被删除，作者依据王安石《字说》解读《周礼》名词，附会穿凿，强作解人。例如解"囿"："园有众甫谓之囿。"解"鲍鱼"："鱼之鲜者包以致之。"解"鱐"："鱼之干者肃以致之。"解"司徒"："于文反后为司，盖后从一从厂从口，则所以出命，司反之则守令而已。从一则所以一众，司反之则分众以治之而已。

———

① （清）永瑢等：《四库全书总目》卷十九《经部十九·礼类一》《周礼订义》条下，北京：中华书局，1965年，152页。

从厂则承上世之庇覆以君天下，司反之则以君之爵为执事之法而已。"①
书中间有一得之见，总体而言，于经义无大发明。四库馆臣批评宋儒：

> 《周礼》一书，得郑《注》而训诂明，得贾《疏》而名物制度考
> 究大备。后有作者，弗能越也。周、张、程、朱诸儒，自度徵实之学
> 必不能出汉唐上，故虽盛称《周礼》，而皆无笺注之专书。其传于今者，
> 王安石、王昭禹始推寻于文句之间；王与之始脱略旧文，多辑新说；
> 叶时、郑伯谦始别立标题，借经以抒议。其于经义，盖在离合之间。
> 于是考证之学渐变为论辩之学，而郑、贾几乎从祧矣。②

元、明两朝，经学的大气候不好，《周礼》研究之作大抵承两宋之弊，
而又等而下之，有心得者少之又少。四库馆臣略有好评者，不过毛应龙、
王志长、王应电数人而已。

元毛应龙《周官集传》十六卷，是书于诸家训释，引据颇博，而于郑
锷之《解义》、徐氏之《音辨》及欧阳谦之之说，所采尤多。其自出己意
者，则题"应龙曰"以别之。其中有沿袭误说、胶执旧文，疏于考核者。
"至于冕服车旗之度、庙祧昭穆之制、《司尊彝》之六尊六彝、《司几筵》
之五几五席、方弓义弓之异名、正岁正月之并用，条例引证，颇为明晰。
宋以来诸家散佚之说，尚因是以存其崖略。则蒐辑之功，固亦非鲜矣。"③

---

① （清）永瑢等：《四库全书总目》卷十九《经部十九·礼类一》《周礼详解》条下，
北京：中华书局，1965 年，150 页。

② （清）永瑢等：《四库全书总目》卷十九《经部十九·礼类一》《周礼注疏删翼》
条下，北京：中华书局，1965 年，155 页。

③ （清）永瑢等：《四库全书总目》卷十九《经部十九·礼类一》《周官集传》条下，
北京：中华书局，1965 年，154 页。

应龙所著，别有《周官或问》五卷。

明王志长撰《周礼注疏删翼》三十卷，是书于郑《注》、贾《疏》多刊削其繁文，故谓之"删"；又杂引诸家之说以发明其义，故谓之"翼"。此书的总体特点，依然不脱宋儒习气，四库馆臣评点说：

> 志长此书，亦多采宋以后说，浮文妨要，盖所不免。而能以《注》《疏》为根柢，尚变而不离其宗。且自朱申以后，苟趋简易，以《叙官》为无用而删之，《经》遂有目无纲。俞庭椿、邱葵以后，又多骋臆见，窜乱五官，以补《冬官》之亡，《经》遂更无完简。沿及明代，弥逐颓波，破碎支离，益非其旧。[①]

明王应电《周礼传》十卷、《图说》二卷、《翼传》二卷。史称"应电笃好《周礼》"，"于《周礼》之学，用力颇深"，"乃覃研十数载，先求圣人之心，溯斯礼之源。次考天象之文，原设官之意。推五官离合之故，见纲维统体之极。因显以探微，因细以绎大，成《周礼传诂》数十卷"，"然论说颇为醇正，虽略于考证，而义理多所发明"。"其《学周礼法》，论《周礼》有必不可复者，及后人假仿之妄，旧注解释之谬，改声改字之非与细物为自古相传之遗，官事有兼涉不扰之法，皆为有见"……"其《非周礼辨》，驳正诸家，尚为明析"。"以《周礼》《仪礼》至明几为绝学，故取长弃短，略采数家，以姑备一朝之经术。所谓不得已而思其次也"。[②]

① （清）永瑢等：《四库全书总目》卷十九《经部十九·礼类一》《周礼注疏删翼》条下，北京：中华书局，1965 年，155 页。

② （清）永瑢等：《四库全书总目》卷十九《经部十九·礼类一》《周礼传》条下，北京：中华书局，1965 年，154 页。

# 第三节 清人的《周礼》研究

清儒以《周礼》为周公之典的学者，依然是主流。如方苞认为，"三王致治之迹，其规模可见者，独有是书，世变虽殊，其经纶天下之大体，卒不可易也"，他指责"世儒之疑《周官》为伪者，岂不甚蔽矣哉"①，"凡疑《周官》为伪作者，非道听涂说而未尝一用其心，即粗用其心而未能究乎事理之实者也"。"其间决不可信者实有数事焉"，"此数事者，乃莽与歆所窜入决矣。然犹幸数事之外，五官俱完，圣人制作之意，昭如日星"。②邵懿辰云："夫《周官》大体本亦周公所作，特久而后出，疑有周代后王损益，及为后人所窜乱者。"③清儒研究《周礼》之作多于此前任何一个朝代，由于乾嘉考据学注重的文字、音韵、训诂之学，尤其适合《周礼》这类以名物度数研究为主的文献，故成就也非常突出。

乾隆初元，清廷诏开三礼馆，以接续康熙时启动的编纂经籍计划，随后纂修的《三礼义疏》，旨在体现朝廷施政导向与教化意涵，是古代中国最后一部官修经典。《义疏》从发凡起例、撰写编辑到刊印、颁行，历时十九年，参与其事者超过一百五十人。《周官义疏》四十八卷，乃《三礼义疏》第一部。书首冠以御制《日知荟说》论《周官》者有十则，采撷诸家之说，则分为七例：

---

① （清）方苞：《方望溪文集·读周官》，北京：中国书店，1991年，8页。

② （清）方苞著，徐到稳整理：《周官辨伪一》，彭林、严佐之主编：《方苞全集》（第1册），上海：复旦大学出版社，2018年，217页。

③ （清）邵懿辰：《礼经通论·论王礼》，（清）阮元、王先谦编：《清经解、清经解续编》（第13册），南京：凤凰出版社，2005年，6356页。

一曰正义，直诂《经》义，确然无疑者也。二曰辨正，后儒驳正，
至当不易者也。三曰通论，或以本节本句参证他篇，比类以测义，或
引他经与此互相发明者也。四曰余论，虽非正解而依附《经》义，于
事物之理有所推阐者也。五曰存疑，各持一说，义亦可通；又或已经
驳论，而持此者多，未敢偏废者也。六曰存异，名物象数，久远无传，
难得其真，或创立一说，虽未即惬人心，而不得不存之以资考辨者也。
七曰总论，本节之义已经训解，又合数节而论之，合一职而论之者也。①

《周官义疏》的作者雄心勃勃，可惜，学者承宋明学术之乏，对此书
的研究总体欠佳，整体水平依然没有提升，故书成之后，并未受到应有的

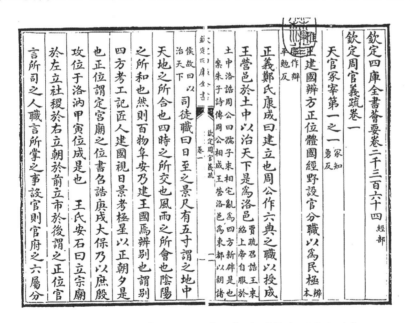

图二十　摛藻堂《四库全书荟要》本《钦定周官义疏》

----

① （清）永瑢等：《四库全书总目》卷十九《经部十九·礼类一》《钦定周官义疏》
条下，北京：中华书局，1965年，155页。

重视，后来的学者极少引用，为作者所始料未及。

李光坡著有《三礼述注》，《周礼述注》二十四卷即其一。"其书取《注》《疏》之文，删繁举要，以溯训诂之源。又旁采诸家，参以己意，以阐制作之义。虽于郑、贾名物度数之文，多所刊削，而析理明通，措词简要，颇足为初学之津梁。……光坡此书，不及汉学之博奥，亦不至如宋学之蔓衍，平心静气，务求理明而词达。于说经之家，亦可谓适中之道矣。"①

李钟伦《周礼训纂》二十一卷，"此书自《天官》至《秋官》，详纂注疏，加以训义。惟阙《考工记》不释，以为非周公之古经也"。钟伦初受"三礼"于其叔李光坡，后日侍其父李光地十余年，得其指授。又多与梅文鼎、何焯、徐用锡、王之锐、陈万策等互相讨论。"故其学具有本源。凡所诠释，颇得《周官》大义。惟于名物度数，不甚加意，故往往考之弗详"。然如辨禘祫、社稷、学校诸篇，"皆考证详核"。因明于推步之术，训《大司徒》土圭之法，"亦得诸实测，非同讲学家之空言也"。②

惠士奇《礼说》十四卷，此书不载《周礼》经文，唯标举其有所考证辩驳者，依《经》文次序编之，凡《天官》二卷，计六十一条。《地官》三卷，计六十三条。《春官》四卷，计九十五条。《夏官》二卷，计六十一条。《秋官》二卷，亦六十一条。《考工记》一卷，计四十条。"士奇此书，于古音、古字皆为之分别疏通，使无疑似。复援引诸史百家之文，或以证明周制，或以参考郑氏所引之汉制，以递求周制，而各阐其制作之深意。在近时说《礼》之家，持论最有根柢"。虽有"失之蔓衍，或失之附会"之处，"然

① （清）永瑢等：《四库全书总目》卷十九《经部十九·礼类一》《周礼述注》条下，北京：中华书局，1965 年，155 页。

② （清）永瑢等：《四库全书总目》卷十九《经部十九·礼类一》《周礼训纂》条下，北京：中华书局，1965 年，156 页。

统观全书，征引博而皆有本原，辨论繁而悉有条理"。①

　　方苞《周官集注》十二卷，仿照朱子之例，凡采合众说说解《周礼》者，不作说明。凡全引一家之说者，则标揭人名与出处。凡显然舛误之说，多置而不论。似是而非之说，乃略为考正。有推极义类、旁见侧出者，亦仿朱子之例，以圈外别之。此书"训诂简明，持论醇正，于初学者颇为有裨"②。方苞另有《周官辨》十卷，沿袭明代金瑶之说，认为《周礼》一书是刘歆窜改以媚王莽，持论草率，有失严谨。

　　沈彤《周官禄田考》三卷，自欧阳修提出《周礼》"官多田少，禄且不给"的质疑，学者靡然从之。沈彤此书分为《官爵数》《公田数》《禄田数》三篇。"凡田、爵、禄之数不见于《经》者，或求诸《注》；不见于《注》者，则据《经》起例，推阐旁通，补《经》所无；乃适如《经》之所有。"③沈氏云，"官之命者必有禄，禄必称其爵而量给于公田，是《周官》法制之大端。其等与数之相当，在当时固彰彰可考也"④。后来由于司禄籍亡，先郑、后郑乃取《王制》解经。作者"研求本经，旁览传记，得其端于《载师》之都邑，以为有义例可推，确征可佐，凡内外官之禄，皆可得辨析整齐之，而前人之谬妄，皆可得而破之"⑤，四库馆臣叹为"其说精密淹通"⑥。

　　"三礼"内容，往往有类似或相同之处，故研究者每每引此证彼。清

---

①　（清）永瑢等：《四库全书总目》卷十九《经部十九·礼类一》《礼说》条下，北京：中华书局，1965年，157页。

②　（清）永瑢等：《四库全书总目》卷十九《经部十九·礼类一》《周官集注》条下，北京：中华书局，1965年，156页。

③⑥　（清）永瑢等：《四库全书总目》卷十九《经部十九·礼类一》《周官禄田考》条下，北京：中华书局，1965年，157页。

④⑤　（清）沈彤：《周官禄田考》，（清）阮元、王先谦：《清经解、清经解续编》（第2册），南京：凤凰出版社，2005年，2489页。

代礼学极盛，故出现不少能够会通"三礼"的名家巨著，如江永的《礼书纲目》，徐乾学的《读礼通考》，秦蕙田的《五礼通考》，黄以周的《礼书通故》，均是其佼佼者。

江永《礼书纲目》八十五卷，旨在承继朱熹的《仪礼经传通解》而起。朱熹晚年专注于礼学，意欲将历代之礼打碎，打造可用之万世的新礼，故以《仪礼》本经篇目为纲，而据经史的记载，再作补苴，规模宏大，可惜未竟而卒。江永此书承朱熹之意而分门立目，汪廷珍序此书云："其分门则以大宗伯五礼为之纲，益以通礼、曲礼，终以乐律。条举件系，纲举目张，而烦者有统矣。其纂辑也，以古经为主，经不足补以传记，又不足则旁证以诸家之说。巨细咸备，正变不遗，而缺者可补矣。"[1]江氏长于声音训诂、名物度数之学，故此书考订精赅，多所突破，对乾嘉后学有很大影响。

图二十一　江永像（采自《清代学者象传》）

徐乾学《读礼通考》一百二十卷，此书最初为徐氏丁忧时所作，后又反复删订，三易其稿，前后十年而成。此书仿朱熹《仪礼经传通解》，所立纲目凡八：一丧期、二丧服、三丧仪节、四葬考、五丧具、六变礼、七丧制、八庙制。以正史为据，酌参《通典》《开元礼》《政和五礼新仪》等书，附以列表与图，考证丧礼的演变，史料蒐罗详尽，辨析入微，

---

① （清）汪廷珍：《礼书纲目序》，江永：《礼书纲目》，广州：广雅书局，1895 年。

历代治丧礼之书无出其右者。

秦蕙田《五礼通考》的撰写，始于雍正二年（1724），迄于乾隆六十二年（1761），前后达三十八年，凡二百六十二卷。该书仿照《读礼通考》体例，而将范围扩大到吉、凶、军、宾、嘉五礼为大纲，搜集历代史料，如吉礼之"圜丘祭天"，首先讨论经书中"郊"之定义，以及四代郊正祭、四代告祭、郊坛、配天等名目，再及服冕、车骑、誓戒、迎神、荐牲、馈献、彻等仪节，然后详列上起先秦，下至明代祀天之礼的文献记载，史料巨细无遗，秦氏间作考辨；"圜丘祀天"凡二十卷，详博的程度，可见一斑。此外，内容有所增益，如吉礼的"宗庙制度"下，附以乐律；于嘉礼下附以"观象授时""体国经野"二门，广泛涉及音乐、天文历算、舆地疆理，拓展了古礼的内涵。该书叙述礼制演变，源流清晰，成为研究古代中国礼制不可或缺的文献。曾国藩《圣哲画像记》给此书以很高评价，比之于文周孔孟之六经。

黄以周《礼书通故》一百十卷，即《礼书通故》一卷，《宫室通故》二卷，《衣服通故》四卷，《卜筮通故》《冠礼通故》《昏礼通故》《见子礼通故》《宗法通故》各一卷，《丧服通故》《丧礼通故》各五卷，《丧祭通故》三卷，《郊礼通故》二卷，《社礼通故》一卷，《群祀礼通故》二卷，《明堂礼通故》一卷，《宗庙礼通故》二卷，《肆献裸馈食礼通故》七卷，《时享礼通故》《改正颁朔礼通故》《籍田躬桑礼通故》《相见礼通故》各一卷，《食礼通故》二卷，《饮礼通故》《宴飨礼通故》各一卷，《射礼通故》五卷，《投壶礼通故》《朝礼通故》各一卷，《聘礼通故》《觐礼通故》各二卷，《会盟礼通故》一卷，《即位改元礼通故》《学校礼通故》各二卷，《选举礼通故》一卷，《职官礼通故》五卷，《井田通故》《田

赋通故》《职役通故》《钱币通故》《封国通故》各一卷，《军礼通故》
二卷，《田礼通故》《御礼通故》各一卷，《六书通故》三卷，《乐律通故》
二卷，《刑法通故》一卷，《车制通故》二卷，《名物通故》五卷，《礼
节图表》十卷（包括《冕服表》《弁冠服表》《妇服表》《丧服升数表》
《丧服表》《变除表》《宗法表》《井田表》《学校表》《六服朝见表》
各一卷），《礼节图》三卷，《名物图》四卷，《叙目》一卷。名物分
为礼书、衣服、卜筮、冠礼等四十七门，另有礼节图、名物图、叙目等，
共五十目。全书以问题为中心，会通"三礼"，博取通贯，辨析的疑
点多达三千四百七十条；凡学界无争议者，概不讨论。俞樾评价此书：
"洵足究天人之奥，通古今之宜，视秦氏《五礼通考》，博或有不及，
精则有过之。"① 是清代礼学集大成的精品。

## 第四节　近现代的《周礼》研究

晚近以来，时局激变，经学跌入最低谷。然而，天不灭斯文，《周礼》
研究，在艰难处境中依然有所发展。

首先，《周礼》的真伪问题，再度成为学术界聚讼的焦点。康有为戊
戌变法，为彰显变法的理论体系，于 1891 年 7 月刊刻《新学伪经考》，
此书藉由历史上的今古文之争，提出刘歆伪造古文经的观点，认为今文经
皆真，古文经皆伪："知《毛诗》《古文尚书》《逸礼》《周官》《费氏

---

① （清）俞樾：《礼书通故序》，黄以周《礼书通故》卷首，《续修四库全书》（第
111 册），上海：上海古籍出版社，2002 年，2 页。

易》《左氏春秋》皆伪经也。"①康氏将《周礼》当作刘歆遍伪群经的核心，痛加鞭挞："歆之精神全在《周官》，其伪作古文《书》《毛诗》《逸礼》《尔雅》，咸以辅翼之。故于《七略》处处设证，使人深入其蔀，目迷五色而不之觉，其术甚巧密。"②康氏之说，颠覆了《汉书·艺文志》《隋书·经籍志》《经典释文·序录》等权威之作的记载，在思想界、学术界造成极大混乱，由此引发了《周礼》研究的热潮，许多学者起而与之论难，胡适、钱穆、郭沫若、顾颉刚、杨向奎、徐复观等名家，悉数裹挟其中，成为经学史上鲜见的现象。

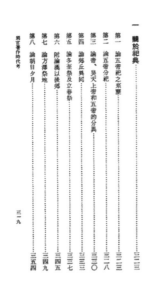

图二十二　钱穆像及《周官著作时代考》

---

①　康有为：《新学伪经考》，康有为撰，姜义华、张荣华编校：《康有为全集》第1集，北京：中国人民大学出版社，2007年，368页。

②　同上，395页。

从学术上全面回击康有为的是钱穆。钱先生先是撰写《刘向歆父子年谱》与《先秦诸子系年》，证明康氏所谓刘歆伪造古文经之说毫无根据，进而撰《周官著作时代考》，论证《周礼》既非王莽伪作，亦非周公手作，而是战国学者"理想上的冥构"。

钱书的纲目如下，由此可以窥知其规模与结构：

一　关于祀典

第一，论五帝祀之来历　　第二，论五帝分祀

第三，论帝、昊天上帝和五帝的分异　　第四，论郊丘异同

第五，论冬至祭及立春祭　　第六，附论汉以后郊

第七，论方泽祭地　　第八，论朝日夕月

第九，论救日食月食　　第十，论阴阳男女

二　关于刑法

第一，论法的观念之成立　　第二，论法律公布之制

第三，论五刑　　第四，论五刑以外之流放

第五，论什伍相收司连坐之法　　第六，论作内政寄军令

第七，论入矢金赎罪

三　关于田制

第一，论公田制　　第二，论爰田制　　第三，论封疆沟洫

四　其他

第一，论《周官》里的封建

第二，论《周官》里的军制

　　一、论车乘及卒伍　　二、论舆司马及行司马

　　三、论国子与庶子　　四、论余子　　五、论军门称和

第三，论《周官》里的外族

第四，论《周官》里的丧葬

第五，论《周官》里的音乐

钱著博大，涉猎极广，本书从中选取两个问题略作介绍，一是关于《周礼》"五帝祀"的讨论，二是关于《周礼》中"法"的讨论。前者旨在从大的格局上推翻《周礼》为周公手作或作于春秋之说；后者试图以小见大，从"法"字的时代性及其内涵，来论证《周礼》晚出。

1. 《周礼》"五帝祀"

《周礼》全书共九次提及"五帝祀"，其所谓"五帝"，不是《史记·五帝本纪》之黄帝、颛顼、尧、舜、禹等"五帝"，而是与五方、五色相配的五帝，郑玄认为就是《春秋纬·文耀钩》中的灵威仰、赤熛怒、白招拒、汁光纪、含枢纽等五行之帝。

胡适、顾颉刚都提到《史记·封禅书》关于秦畤的一段史料，说秦襄公作西畤，祠白帝；秦文公作鄜，郊祭白帝；秦德公用三百牢于鄜衍[①]；秦宣公作密畤，祭青帝；秦灵公作吴阳上畤，祭黄帝，作下畤，祭炎帝；秦献公作畦畤栎阳，祠白帝云云；并且认为它就是五行的前身，刘邦入关，加黑帝而成五，五帝祀终于定型。

钱先生讨论"五帝祀"的逻辑环节是：五帝之说何时出现；五方帝之说何时出现；五方帝何时分祀；昊天与受命帝何时分祀；祭天为何有冬至与立春之别。

———————————

① （唐）司马贞《索隐》曰："'百'当为'白'，秦君西祀少昊时牲尚白。"（汉）司马迁著，（南朝宋）裴骃集解，（唐）司马贞索隐，（唐）张守节正义：《史记》卷二十八《封禅书》，北京：中华书局，1959 年，1360 页。

首先，《诗》《书》只言"天""帝"，而无五帝。五帝乃战国晚起之说。五行之说首倡于邹衍，故钱先生称其为"战国晚起之说"。邹衍虽倡五行说，但并没有把它推及为对五方之帝的祭祀。钱先生指出："五帝祠，乃秦人特创。且秦人亦只祠白青黄赤四帝，还没有黑帝。直至汉高祖入关，始足成五帝。其前本无所谓五帝祀。"[①]《国语》《墨子》《左传》"诸书所言，已有五行神，而无五方帝"[②]。《墨子·贵义》已有五行神，"而还无五方帝，故只云帝杀青龙赤龙，而不称青帝赤帝"[③]。《庄子·应帝王》中央之帝、南海之帝、北海之帝依然不是五方帝，因此，"既无五帝，决不能有五帝祀，其理甚显"[④]。

《周礼》五帝祀的性质是祭天，列国惟鲁国举行过郊天之礼，但并非祭祀五帝中的任何一帝，与五帝祀毫无关系。秦襄公作西畤的性质，与鲁国郊天完全相同，所以司马迁直言秦襄公作西畤是"用事上帝，胪于郊祀"，足见西畤所祀是当时唯一的上帝，而非五帝中的白帝。其后秦文公、秦宣公、秦灵公所祀，都是如此，证明当时还没有五帝祀的观念。

战国末期出现将五行与五方、五色搭配之后的五帝，秦始皇采信其说，并借用鄜畤之旧祀白帝，密畤之旧祀青帝，吴阳上下畤分祀炎帝黄帝。"四畤皆是旧有，而所祀遂为青黄赤白四帝，与以前之仅祀上帝者不同"。[⑤]汉高祖在雍四畤的基础上增加北畤黑帝，方才足成五帝之祀。

《春官·小宗伯》说"兆五帝于四郊"，郑注说，五帝分别在东南西北四郊祭祀（黄帝也在南郊）。钱先生说郑玄的解释并不等于《周礼》的

---

① 钱穆：《周官著作时代考》，《两汉经学今古文平议》，北京：商务印书馆，2001年，324页。

②③④ 同上，325页。

⑤ 同上，327页。

原意。钱先生指出，《晏子春秋》中楚巫说"五帝之位在国南"，并没有把五色帝分配在四方。到《吕氏春秋》，才有东郊迎春、南郊迎夏、西郊迎秋、北郊迎冬之说，"此乃学者理想上冥构"[①]，并非实录。王莽最喜欢《周礼》，而平帝时王莽奏言称："谨案《周官》：'兆五帝于四郊'，山川各因其方。今五帝兆居在雍五畤，不合于古。"[②] 王莽的所谓"古"，是指《周礼》的制度，所谓"五帝兆居在雍五畤，不合于古"[③]，就是没有像《周礼》那样分兆于四郊。其二，汉文帝十五年（前165），用新垣平言，作渭阳五帝庙，其格局是"同宇，帝一殿，面各五门，各如其帝色"[④]，可见秦雍五畤及汉渭阳五帝庙，都没有五帝分祀四郊。

祭祀昊天与受命帝的地点，是在郊还是在丘？郊与丘是二名一地，还是各为一地一名？《春官·司服》有"祀昊天上帝"一语，其中的"昊天上帝"，是二还是一，即理解为"昊天"与"上帝"，还是理解为"昊天上帝"？郑玄主张，"昊天"与"上帝"是两个不同的祭祀对象，前者是传统意义上的天帝，后者是感生帝；两祭分别在郊丘举行，"凡云昊天者，并指圜丘所祭之天。凡云上帝者，并指南郊所祭受命帝"[⑤]，而且，圜丘祭昊天在冬至，南郊祭受命帝在立春。

所谓"受命帝"是从邹衍之徒的五德终始说衍生出来的。按照这种理论，虞以土德王，受命帝是五德中的黄帝；夏以木德王，受命是苍帝；殷

---

①③ 钱穆：《周官著作时代考》，《两汉经学今古文平议》，北京：商务印书馆，2001年，329页。

② （汉）班固撰，（唐）颜师古注：《汉书》卷二十五下《郊祀志》，北京：中华书局，1962年，1268页。

④ （汉）司马迁：《史记》卷二十八《封禅书》，北京：中华书局，1959年，1382页。

⑤ （清）孙诒让撰，王文锦、陈玉霞点校：《周礼正义》卷十一，北京：中华书局，1987年，433页。

是白帝，周是赤帝云云。各从所不胜相转移：由于金不胜火，故以金德王的殷，要转移到以火德王的周。

钱先生指出，"五德转移说，和五帝分祀并不同条共贯"①，分别来源于：《邹子》四十九篇，核心是"主运说"，是五帝分祀说的来源；《邹子终始》五十六篇，核心是"五德以相胜为转移"，是受命帝之说的来源。秦始皇采纳《终始》五十六篇的五德转移之说，以水德代周火德王，并且因雍四时分配青黄赤白四帝。"今《周官》虽有五帝祀，却并未说明要四时分祀一年而遍"②，与《吕氏春秋》一年内遍祀五帝不是一回事。

祭天的时间是在冬至还是立春？《周礼》中有两套历法，凡以岁时序事，都是先言正月，次言岁终，再言正岁。所谓"正月"，是指周王正月，是以十一月为岁首的建子之正；所谓"岁终"，是指夏历十二月；所谓"正岁"，是指夏正建寅之月，时间上对应周历三月。

钱先生认为，"在一个朝廷上，同时行用两个正朔，这正和上举祭天了还祭五帝同样的滑稽"③。《周礼》作者可能是晋人，所以"不免把晋国的夏历与旧传的周历，两种不同的历法，兼罗并用"④。

正是由于正月与正岁两种历法的并存，出现了冬至的圜丘祭和立春的南郊祭并存。由《礼记·郊特牲》可知，周人祭天原本在冬至，冬至包含在周历的正月当中。而立春包含在夏历的正月当中。周人后来改用夏历，正岁变了，原本在冬至的祭天大礼随之变为立春的祭天之礼。吕不韦是晋

---

① 钱穆：《周官著作时代考》，《两汉经学今古文平议》，北京：商务印书馆，2001年，334页。

② 同上，336页。

③ 同上，338页。

④ 同上，337页。

人，宾客也多出三晋，所以《吕氏春秋·十二纪》主张采用夏历，《孟春纪》说：“是月也，天子乃以元日祈穀于上帝。”①而到了仲冬十一月的冬至，再无祭天之礼。钱先生说：“此即是把冬至祭移为立春祭之确证。”②

《礼记·明堂位》说：“鲁君孟春祀帝于郊。”孟春是周正子月，可见鲁郊原本在周正月。《礼记·杂记》孟献子说：“正月日至，可以有事于上帝。”可见鲁郊本也在正月日至。由于种种原因，正月日至的郊天礼不断移后，从冬至到启蛰，后来又从周正到夏正，后儒不清楚这一变化，误以为是一时并存的事。

《春官·龟人》：“上春衅龟相筮。”郑注：“上春者，夏正建寅之月。”而《礼记·月令》孟冬命大史衅龟筴。可见，秦以十月为岁首，孟冬相当于《周礼》的上春，同为一岁之始。如果只有一个历法，何须分为冬至、立春两番举行？

《周礼》所说圜丘祭天，并没有把南郊一分为二，钱先生认为，郊即圜丘，圜丘即郊；圜丘之所在谓之郊，郊之所祭之处圜丘。

《周礼》夏历周历兼用，言日冬至夏至，分明是夏历，而说圜丘却专从周历，定在冬至。钱先生质疑说：“既用夏历，何不以夏历之岁首正月郊天，而仍还用周历之冬至祭天乎？”③秦人以十月为岁首，故常在十月上宿郊见，而不遵冬至。

2.《周礼》中的“法”

钱先生说：“《周官》书中有极为明显之一事，足以证其书之为晚出

---

① 陆玖译注：《吕氏春秋》，北京：中华书局，2011年，6页。
② 钱穆：《周官著作时代考》，《两汉经学今古文平议》，北京：商务印书馆，2001年，339页。
③ 同上，344页。

者，即其书对'法'的观念之重视也。"①《周官》三百六十官，"殆无一官无法制，亦殆无一官无禁令。而此等法制禁令，又惟恐其在下者之不知。于是必逐时逐年，竭力用意于向下宣布与申述"②。钱先生将后人习用的"刑法"一词离析为"刑"与"法"两个概念，"刑"字早起，"法"字晚出：

> "法"字在古书中很少用。《小戴礼》有云："礼不下庶人，刑不上大夫。"古人治国，只知有"礼"与"刑"耳，"礼"与"刑"之外，似不知所谓"法"。故《诗》《书》中"法"字极少见。春秋时人亦尚不知有如后人所谓"法"字之意义。③

《左传》昭公六年子产铸刑书，只叫是"辟"，亦不成所谓"法"。叔向在谏书里劝止子产时，提及义，政，礼，信，仁，忠，和，敬等，而独无所谓"法"，可见当时政治界上尚未有"法"的观念。"郑国之刑书，晋国之刑鼎，此等只是一种较为固定之刑律，亦还说不到是'法'，更讲不到公开宣布。然而当时人早已万分惊怪"④。《论语》中，孔子只说"道之以政，齐之以刑，民免而无耻。道之以德，齐之以礼，有耻且格"。《左传》记孔子反对晋国铸刑鼎，只说到贵贱不愆的法度，而不是法家的法理观念。战国法家李悝著《法经》以后，吴起、商鞅踵武继起，吴起令民偾南门外之表，商鞅徙木立信，于是才开始有"法"的观念，才可能出现"悬法使万民观"的制度。

---

①③　钱穆：《周官著作时代考》，《两汉经学今古文平议》，北京：商务印书馆，2001年，370页。

②　同上，377页。

④　同上，375页。

《周礼》"五刑"的问题。《秋官·大司寇》云："掌五刑之法，以丽万民之罪。墨罪五百，劓罪五百，宫罪五百，刖罪五百，杀罪五百。"墨罪、劓罪、宫罪、刖罪、杀罪等所谓五刑的名目，与《尚书·吕刑》中的墨罚、劓罚、荆罚、宫罚、大辟一致。不少人以此认为《地官·大司寇》五刑渊源有自，完全可信。钱先生指出，《吕刑》有"五虐之刑曰法"一语，"即已是《吕刑》晚出铁证"[①]，他说：

> 古书称刑曰"罚"，而"刑"者则只是杀人断颈之名。《康诰》"刑人杀人、劓刖人"是也。《吕刑》始以刑为肉刑之总名，又分出"罚"字专作罚金之义，此亦见其书之晚出矣。[②]

李悝著《法经》只有六篇，用法的主要对象是盗贼，因而"断不容有很细密的刑律"[③]。《周礼》五刑，总有二百五十等，而《吕刑》"墨罚之属千，劓罚之属千，荆罚之属五百，宫罚之属三百，大辟之罚其属二百，五刑之属三千"，总共有三千等，说《周礼》就是周公之典，令人难以置信。尽人皆知的是，"下逮萧何攈摭秦法而作律九章，亦岂有二千五百乃至三千等第之繁琐乎？"[④]。

《周礼》以大辟、宫、劓、刖、墨作为五刑之名，与史实不合。前四种刑名，春秋时已很流行，但墨刑很少见。据《韩诗外传》《春秋左氏传》可知劓墨（文身雕题），是当时吴越乃至东南地区的风俗。春秋末期，南方越民族与中原交通后，这风气传到中国，由于文化相对落后，他们在诸

---

① 钱穆：《周官著作时代考》，《两汉经学今古文平议》，北京：商务印书馆，2001 年，378 页。

②③④ 同上，379 页。

夏间做一些贱役，所以，"诸夏间因犯罪而罚为奴婢服贱役者，亦令其模仿外夷，施以黥髡之罪，是即所谓墨刑也"①。春秋时，被收为奴者，并不黥髡，故其时尚无所谓墨罪。《秋官·掌戮》："墨者使守门，劓者使守关。"不会是古制。

《国语·鲁语》说"大刑用甲兵，其次用斧钺。中刑用刀锯，其次用钻笮。薄刑用鞭朴"②，也是五等之刑，但与《秋官·大司寇》不同。《大司寇》还另有用以纠察万民的五刑，称为野刑、军刑、乡刑、官刑、国刑。这种现象，钱先生说：

> 五刑之说，即在《周官》书中，其内容亦尚未固定。大概五行学说既起，乃始有五刑的编配。所谓"墨劓剕宫大辟"，则反是当时人有意编成五刑之说中之一种耳。后来此说独占优势，而五刑之解说遂臻固定。《五行大义》引《逸周书》逸文云："因五刑相克而作五刑。"《后汉书》注、《太平御览》并引《白虎通》云："刑所以五何？法五行也。"此虽后起之说，然不失为古代五刑说之真确来源也。③

钱先生的结论是，"五行学说盛起于孟子之后。则《周官》中之五刑说，其年代亦自可推定耳"④。

---

① 钱穆：《周官著作时代考》，《两汉经学今古文平议》，北京：商务印书馆，2001 年，385 页。

② 徐元诰：《国语集解》卷四《鲁语上》，北京：中华书局，2002 年，152 页。

③ 钱穆：《周官著作时代考》，《两汉经学今古文平议》，北京：商务印书馆，2001 年，386—387 页。

④ 同上，387 页。

钱先生还指出一些"春秋前极通行之刑名，而五刑中转不再见者"[①]。例如《左传》《晏子春秋》等文献屡屡提到的鞭刑与断趾，却不在五刑之内。"刵"与"流放"，也不在其中，"刵"是割耳之刑，《尚书·康诰》的"劓刵人"就是明证。古时"刑不上大夫"，故刵刑只能施予小民，卿大夫丽罪，则用幽囚和流放的办法惩处，因为"古者贵族世袭，流放出国，即失其政治上一切之特权"[②]。春秋末期，世卿世禄制度瓦解后，游士说客得势，朝秦暮楚，天下为家，流放已失去意义，《周礼》五刑没有流放，说明《周礼》作者不可能是春秋以前之人。

如前所述，关于《周礼》的成书年代，曾经是聚讼纷如，莫衷一是的难题，尽管说法不一，但周公手作说，始终是主流，精深如孙诒让，也力持此说。钱穆此书以史学与经学相济，纵横捭阖，雄辩力斥，影响深远，近代《周礼》研究者多主张《周礼》成书于战国说，此书的影响不可小觑。

**礼器研究** 青铜器是《周礼》研究的重要对象。有些青铜器的铭文会提及自己的器名，如钟、鼎、簠、簋、盘、匜等。宋儒、清儒在青铜名物研究领域卓有建树。

图二十三 王国维像

① 钱穆:《周官著作时代考》,《两汉经学今古文平议》,北京:商务印书馆,2001年,387页。

② 同上,391页。

近人王国维先生在此领域再造辉煌，所作《说觯》《说觥》《说盉》《说彝》《说俎》等文，堪称典范。

《说斝》。《说文》云："斝，从吅，从斗冂，象形，与爵同意。"①说斝是与爵同类的酒器，至确；但说是象形字，则有些莫名其妙。罗振玉最早发现，甲骨文中的"𣄰"字，上部像斝的两柱，下部像三足，形状似爵而腹部加硕，"甚得斝状"，当是"斝"的初文，《说文》斝字乃由此转讹者。此外，金文中的"𣄰"，也作二柱三足一耳，没有流与尾，与传世的斝的实物的形状完全吻合。古"散"字写作"𣁳"与卜辞之"𣄰"字形相近，后人遂误认"斝"为"散"。正是这些原因，出现了一器二名的怪现象：《韩诗》说饮器有散无斝，而传世礼器有斝无散，两者的关系如何，无人深究。罗振玉推断"诸经中散字，疑皆斝字之讹"，散与斝应该是一回事。王国维赞同罗振玉之说，并为之再添四个证据：其一，清朝贵族端方所藏古斯禁上陈设的酒器，有一爵、一觚、二觯、一角、一斝，而《仪礼·特牲馈食礼》记载酒器有二爵、二觚、四觯、一角、一散，两者在器的数量上尽管有差异，但器名却是两两相当，斝与散正好对应；其二，《礼书》言斝则不言散，言散则不言斝，可见二者同物；其三，斝者，假也、大也，斝容量大，故用作盛郁鬯用的灌尊；其四，《诗·邶风》"公言锡爵"，毛传以散释爵，从声韵角度而言，经文原本当作斝，后讹为散，因不合韵，故改为爵②。王说澄清了以往文献中的含混，解决了礼器斝的名实相左的迷惘，真是精彩。

---

① （汉）许慎撰，（清）段玉裁注：《说文解字注》十四篇上，上海：上海古籍出版社，1988年，717页。

② 王国维著，彭林整理：《观堂集林》卷三《说斝》，石家庄：河北教育出版社，2003年，87页。

《说觥》。文献屡屡提及"兕觥",如《诗·豳风·七月》:"称彼兕觥,万寿无疆。"《诗·周南·卷耳》:"我姑酌彼兕觥,维以不永伤。"而传世铜器中不见这一器种。王国维发现在诸多被称为"匜"的器群中,包含甲乙两类器组:甲类器形浅而大,有足而无盖,流狭而长;乙类器形稍小而深,或有足或无足,但几乎都有盖,流侈而短。从器形上判断,不应该是同类器物,他提出三点证据,其一,甲类器都自铭曰"匜",乙类器则没有;其二,甲类器与盘配套使用,匜用来盛水沃手,盘在下面接弃水;乙类器铭文多为"作父某宝尊彝",证明其是宗庙彝器,而非沃盥器;其三,甲类器用于沃盥,不需要器盖;乙类器属于酒器,故配有器盖。

王国维认为乙类器即是兕觥[1],线索有三,第一,乙类器多有器盖,盖端多做牛首形,无盖者当是失落;第二,《诗》云"兕觥其觩",觩,《说文》作"觓",训曲,乙类器的器盖都是前高后低,皆觩然有曲之意;第三,据《五经异义》,兕觥为饮酒器中之最大者,验诸实物,其容量比罍还大。王国维通过上述六条证据,将兕觥从宋儒所定的"匜"中分离出来,立论坚实,确不可移。

《说盉》。古文献不见名为"盉"的礼器,欧阳修《集古录》有一件铜器自名为"盉"。《说文》有"盉"字:"盉,调味也。"[2]用来调什么味?功用为何?从未有人注意。王国维依据礼书记载,认为盉是"和水于酒之器,所以节酒之厚薄者也"[3]。他将此器与古代礼仪制度放在一起考察。指出,

---

① 王国维著,彭林整理:《观堂集林》卷三《说觥》,石家庄:河北教育出版社,2003年,89页。

② (汉)许慎撰,(清)段玉裁注:《说文解字注》五篇上,上海:上海古籍出版社,1988年,212页。

③ 王国维著,彭林整理:《观堂集林》卷三《说盉》,石家庄:河北教育出版社,2003年,90页。

古人设酒尊有两种情况，一种比较简单，只设一个盛酒或醴的尊，称为"侧尊"。另一种比较隆重，门户两边各设一尊，一盛酒或醴，另一尊盛玄酒，也就是水。郑玄和贾公彦都说，在酒发明之后犹设玄酒，是教育后人不忘古昔。王国维从礼义上找答案，宾主之间行献酢之礼，必须"卒爵"，就是干杯。古时酒爵很大，容量或多至几升，因而有礼仪与酒量的矛盾，"其必饮者，礼也。其能饮或不能饮者，量也"。[①] 在酒中兑水，就是最好的解决办法："先王不欲礼之不成，又不欲人以成礼为苦，故谓之玄酒以节之。"[②] 出土的盉，形状大多类似后世的茶壶，里面多都插有一把勺，证明它的用处确实如《说文》所说是"调味"，即调节酒味厚薄。王先生不仅解决了这类礼器的定名，而且回答了礼仪中为何要放置玄酒的难题。王国维在古器物领域所作出的贡献，有力地推动了周代礼制研究。

**金文研究** 　近代不少学者注重运用金文材料研究《周礼》。金文是未经后人窜改的第一手史料，比文献材料更接近史实，理应受到重视。

杨筠如的《周代官名略考》[③]是最早系统利用金文材料研究《周礼》的作品。其后，有郭沫若的《周官质疑》[④]、斯维至的《两周金文所见职官考》[⑤]、徐宗元的《金文中所见官名考》[⑥] 等论著，陈梦家的《西周铜器断代》[⑦] 有关章节，以及日本学者白川静先生的《金文通释》《金文世界》《甲骨金文

---

①② 　王国维著，彭林整理：《观堂集林》卷三《说盉》，石家庄：河北教育出版社，2003 年，91 页。

③ 　杨筠如：《周代官名略考》，国立中山大学语言历史学研究所：《国立中山大学语言历史学研究所周刊》第 2 集，第 20 期，1928 年 3 月。

④ 　郭沫若：《金文丛考·周官质疑》，东京：东京文求堂书店，昭和七年。

⑤ 　斯维至：《两周金文所见职官考》，《中国文化研究汇刊》第 7 卷，1947 年 9 月。

⑥ 　徐宗元：《金文中所见官名考》，《福建师范学院学报》1957 年第 2 期。

⑦ 　陈梦家：《西周铜器断代》，《考古学报》1955 年第 9—10 期、1956 年第 1—4 期。

学论丛》中，也时有涉及。近年刘雨、张亚初的《西周金文官制研究》<sup>①</sup>、陈汉平的《西周册命制度研究》<sup>②</sup>等书，总结了用金文研究《周礼》的成果，提出了各自的见解。

徐宗元先生从殷周至战国的铜器铭文中，择取五十多个官名（分为三十六项）与《周礼》职官比较，认为《周礼》"六官之统系金文无证"，他说："惟材料有限，尚不能使王室侯国之官制厘为系表，亦予所以考官名而不考官制者为此。"<sup>③</sup>可见，用目前所能见到的金文材料，很难完整地重构周代职官系统。刘雨、张亚初认为，"《周礼》中有四分之一以上的职官在西周金文中可找到根据"<sup>④</sup>。如其说不误，则犹有近四分之三的职官于金文无证，因而无法与《周礼》作全面比较。第二，由于铭辞文体简约，金文中不少职官的职司范围并不清楚。有的官名虽与《周礼》相同，但并非必为一职。如《周礼》地官司徒掌理教育、赋税、产殖，但是《舀壶》铭云："更乃祖考作冢司徒于成周八自"<sup>⑤</sup>，则司徒管理成周八师之军队；《舀鼎》铭云：王命舀"更乃祖考司卜事"<sup>⑥</sup>，则司徒又掌卜事，而《周礼》之卜事属春官掌理；《㝅簋》云：王命㝅"作司土，官司藉田"<sup>⑦</sup>，则司徒又司王之藉田，而《周礼》王之藉田是由天官之甸师掌理的；《免簋》云："王在周，令免作司土，司奠还散、罩吴、罩牧"<sup>⑧</sup>，则司徒又管理奠还

①　刘雨、张亚初：《西周金文官制研究》，北京：中华书局，1986年。

②　陈汉平：《西周册命制度研究》，上海：学林出版社，1986年。

③　徐宗元：《金文中所见官名考》，《福建师范学院学报》1957年第2期。

④　刘雨、张亚初：《西周金文官制研究》，北京：中华书局，1986年，140页。

⑤　罗振玉：《三代吉金文存》，北京：中华书局，1983年，1256页。

⑥　同上，462页。

⑦　（宋）吕大临、赵九成：《考古图　续考古图　考古图释文》，北京：中华书局，1987年，50页。

⑧　罗振玉：《三代吉金文存》，北京：中华书局，1983年，672页。

之地的山林、川泽、畜牧等，职掌如此细微，足见其地位并不高，无法与《周礼》六官之一的大司徒相匹。诸如此类的例子还很多，此不赘引。刘雨、张亚初先生认为，在金文里有根据的《周礼》官名中，有一部分属于这种情况，他们的《西周金文官制研究》一书用力颇深，但由于上述的诸种困难，他们不能对《周礼》的成书年代问题下一断语，而只能说："《周礼》的作者在编书时一定是借鉴或参照了西周中晚期的职官系统，并吸取了其中对他有用的东西。"[1] 然而，参照或吸收西周典制来著书，战国人可以做，秦汉人也可以做，无法从他们的研究中引出最后的结论。可见，完全靠金文材料来解决《周礼》的成书年代问题，至少在目前还难以做到。

---

① 刘雨、张亚初：《西周金文官制研究》，北京：中华书局，1986 年，141 页。

# 第八章　关于《冬官》与《考工记》

《考工记》是为了补《周礼》的《冬官》之缺而出现的。郑玄《目录》云："《司空》之篇亡,汉兴,购求千金,不得。此前世识其事者记录以备大数,《古周礼》六篇毕矣。"[1]《隋书·经籍志》云："《周官》盖周公所制官政之法,上于河间献王,独阙《冬官》一篇。献王购以千金不得,遂取《考工记》以补其处,合成六篇奏之。"[2]《考工记》是我国迄今所见年代最早的记载匠作工艺技术的著作,具有很高的学术价值。

## 第一节　《考工记》目录

《考工记》正文前有总序,将社会职业分为王公、士大夫、百工、商旅、农夫、妇功等六种,实际上是在士、农、工、商四民之上加了王公,末了加了妇功,与社会实际基本吻合:

国有六职,百工与居一焉。或坐而论道,或作而行之,或审曲面

---

① （汉）郑玄注,（唐）贾公彦疏,彭林整理:《周礼注疏·冬官考工记第六》,上海:上海古籍出版社,2010年,1519页。

② （唐）魏徵等撰:《隋书》卷三十二《经籍志》,北京:中华书局,1973年,925页。

势，以饬五材，以辨民器，或通四方之珍异以资之，或饬力以长地财，或治丝麻以成之。坐而论道，谓之王公。作而行之，谓之士大夫。审曲面势，以饬五材，以辨民器，谓之百工。通四方之珍异以资之，谓之商旅。饬力以长地财，谓之农夫。治丝麻以成之，谓之妇功。

先秦时期，百工社会地位并不高，但作者赞美有加，认为善于"审曲面势，以饬五材，以辨民器"，为万民制作各种器物，在社会生活中具有不可替代的作用。他们是知者、巧者，擅长用巧工，将天时、地气、美材融为一体，创作各种精品，堪称圣人之作：

知者创物。巧者述之守之，世谓之工。百工之事，皆圣人之作也。烁金以为刃，凝土以为器，作车以行陆，作舟以行水，此皆圣人之所作也。……天有时，地有气，材有美，工有巧，合此四者，然后可以为良。

"百工"一词，是极言工种之繁多，并非实有其数，《考工记》所载总共三十职，按照加工材料与工艺特色的不同，分为六类：

攻木之工八：以木材为主要加工材料的工种：

轮人，制作车轮、车的伞盖；

舆人，制作车舆；

辀人，制作车辕；

弓人，制作弓；

庐人，制作庐器，"庐"是"籚"的借字，即矛戟之柲（木柄）；

匠人，营造城廓、宫室、沟洫；

车人，制作牛车及耒耜；

梓人，制作筍簴（悬挂钟磬的木架），木质饮器勺、爵、觚，

　　射侯（箭靶）等；

攻金之工六：以金属为主要加工材料的工种：

筑氏，制作书刀（刊削简札之用）；

冶氏，制作戈戟及田猎用的箭镞；

凫氏，掌制乐钟；

栗氏，掌制量器；

段氏（阙）；

桃氏，掌制刀剑；

攻皮之工五：以皮革为主要加工材料的工种：

函人，掌制皮甲；

鲍人，掌缝皮革；

韗人，掌制皋陶（鼓）；

韦氏（阙）；

裘氏（阙）；

设色之工四，以染色与绘画为主的工种：

画缋，掌绘画、着色；

钟氏，掌染羽毛；

筐人（阙）；

慌氏，掌湅丝帛；

刮摩之工五，以雕刻、磨砺为主的工种：

玉人，掌制玉器；

梓人（阙）；

雕人（阙）；

矢人，掌制矢；

磬氏，掌制磬；

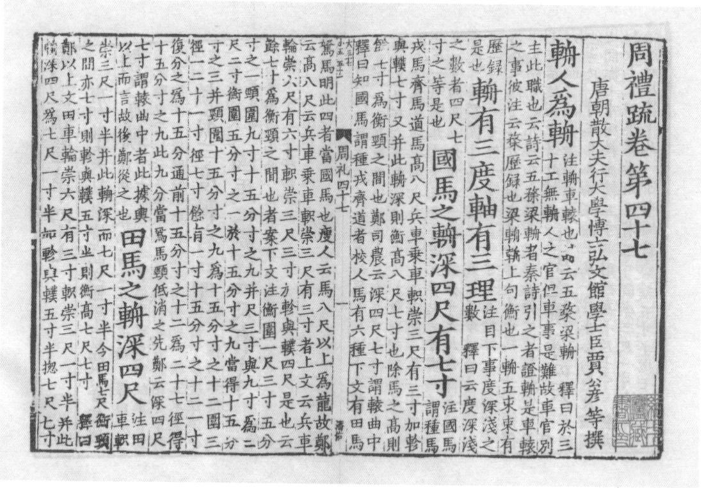

搏埴之工二：以制作陶器为主的工种：

陶人，掌制甗、盆、甑、鬲、庾；

瓬人，掌制簋、豆。

图二十四　中国国家图书馆藏宋两浙东路茶盐司刻宋元递修本
《周礼疏·考工记·轮人》（采自《中华再造善本》）

《考工记》是何人、何时所作？是所有研究者都关注的问题，但苦于书中没有任何说明，而始终不得其解。贾公彦《考工记》疏云，《考工记》的作者，"虽不知其人，又不知作在何日，要知在于秦前，是以得遭秦灭焚典籍，《韦氏》《裘氏》等阙也"①。认为作于先秦，但不过是推测之言，

---

① （汉）郑玄注，（唐）贾公彦疏，彭林整理：《周礼注疏·冬官考工记第六》，上海：上海古籍出版社，2010年，1519页。

并无依据。入清，著名学者江永根据书中出现的某些地名、水名、方言等线索，判断是战国齐人所作：

> 《考工记》，东周后齐人所作也。其言"秦无庐"、"郑之刀"；厉王封其子友，始有郑；东迁后以西周故地与秦，始有秦。故知为东周时书。其言"橘逾淮为枳"，"鸲鹆不逾济，貉逾汶则死"，皆齐、鲁间水；而终古、戚速、椑茇之类，郑注皆以为齐人语。故知齐人所作也。盖齐、鲁间精物理，善工事而又工文辞者为之。①

江永指出，秦与郑的国名，都是东周以后才有，故此书之出，不得早于东周。又，书中提及的淮、济、汶，都是齐鲁之地的水名；终古、戚速、椑茇，据郑玄的注，都是齐人的方言，所以，此书的作者，当是"齐鲁间精物理、善工事而又工文辞者"。江永此说，令人耳目一新，得到学术界的认同。

## 第二节　关于"冬官不亡"论

《周礼》面世时缺《冬官》，而以《考工记》补其缺。按照《天官·冢宰》的总叙以及《小宰》所记，六官的属官都是六十，但传世的《周礼》文本，《冬官》之外的五官，员数都超逸出此数，其中《天官》六十四职，《地官》七十八职，《春官》七十职，《夏官》六十八职，《秋官》六十五职，与

---

① （清）江永：《周礼疑义举要》卷六《考工记》，北京：中华书局，1985年，61页。

《周礼》设计的本义抵牾，这种不正常的现象当如何解释？长期无人问津。到宋代淳熙年间，有一位叫俞庭椿的人，认为五官之属皆六十，不得有羡，其羡者皆取以补《冬官》，为此提出"《冬官》不亡"之说。他写了一部《周礼复古编》，将他认为是从《冬官》中逸出的属官集中起来，都归了《冬官》，认为是恢复了《周礼》的古貌。

如果俞氏之说不误，随之而来的问题是，如何确认哪些原本是《冬官》的属官？俞庭椿的处理手法显得非常粗糙，认为《天官》与《春官》的属官都有"世妇"，《夏官》与《秋官》的属官都有"环人"，属于一官复出，应该合并。此说似乎言之成理，但经不起推敲，《天官》的世妇，是王后宫的成员，女性，与九嫔八十一御女皆无官属；《春官》的世妇，是王的宫官，每宫卿一人，下大夫四人，中士八人，女府二人，女史二人，奚十六人。俞氏欲合并两者，未免太过草率。《夏官》与《秋官》之"环人"，情况类似，《司马》环人之属下士六人，史二人，徒十有二人；《秋官》环人之属中士四人，史四人，胥四人，徒四十人；所属之中士、下士及史、胥、徒各有不同。俞氏好立异说，开创了草率篡改经典的先例，整整影响了宋、元、明三代，以致到明末，此风犹存，四库馆臣称俞氏为"荒经蔑古之祖"，良有以也。

宋嘉熙年间，王与之作《周礼订义》八十卷，受俞庭椿影响，其注《考工记》，持《冬官》未亡论，但未敢移掇"经"文，视庭椿固为有间。元朝丘葵在八十一岁时定稿的《周礼补亡》六卷，沿袭俞氏之谬，淆乱经文，随意改窜，考定六官之数为：天官五十九、地官五十七、春官六十、夏官五十、秋官五十七、冬官五十四。四库馆臣批评丘葵，"虚殚一生之力，使至今谈《周礼》者称俞庭椿为变乱古经之魁，而葵与王与之为煽助异说之党，不亦颠欤？"①

入明，俞氏冬官不亡之风渐衰，但依然贻害他人。明人舒芬为经学家，《明史》称其"精于《周礼》"，然所作《周礼定本》四卷，不脱俞氏习气，大刀阔斧，将《小司徒》及《遂人》之文移入《小司空》，将《天官》之掌舍、幕人、掌次，《地官》之遂师、遂大夫、县正、鄙师、酂长、里宰、邻长、土训、诵训、司稼、草人、稻人、场人、囿人、载师、闾师、县师、均人、稍人、旅师、山虞、林衡、川衡、泽虞等四十职，《夏官》之掌畜、职方氏、形方氏等八职移入《冬官》，五官俱乱，而自命为"定本"。四库馆臣叹其"乃嘘其已烬之焰而更加厉焉"②。

## 第三节　历代研究述略

《考工记》虽然补入《周礼》，但性质毕竟不同，故长期离经别行，学者单独研究之。唐代的杜牧、宋代的陈祥道、林亦之、王炎等，曾经为《考工记》作过注，可惜均已亡佚，至今犹存者，仅宋林希逸的《鬳斋考工记解》二卷。

《考工记》的解读，处处需要名物训诂的基础，宋儒疏于此道，无从措手，故以诋毁郑玄掩饰自己的浅陋。林希逸的《鬳斋考工记解》不能免俗，解释车制中的轮缘，以及皋鼓的倨句磬折，戈的援与胡等，处处与郑玄立异，徒逞臆说。有些解读，简直到了连常识都没有的地步，如《轮人》

① （清）永瑢等：《四库全书总目》卷二十三《经部二十三·礼类存目一》《周礼补亡》条下，北京：中华书局，1965 年，182 页。

② 同上，183 页。

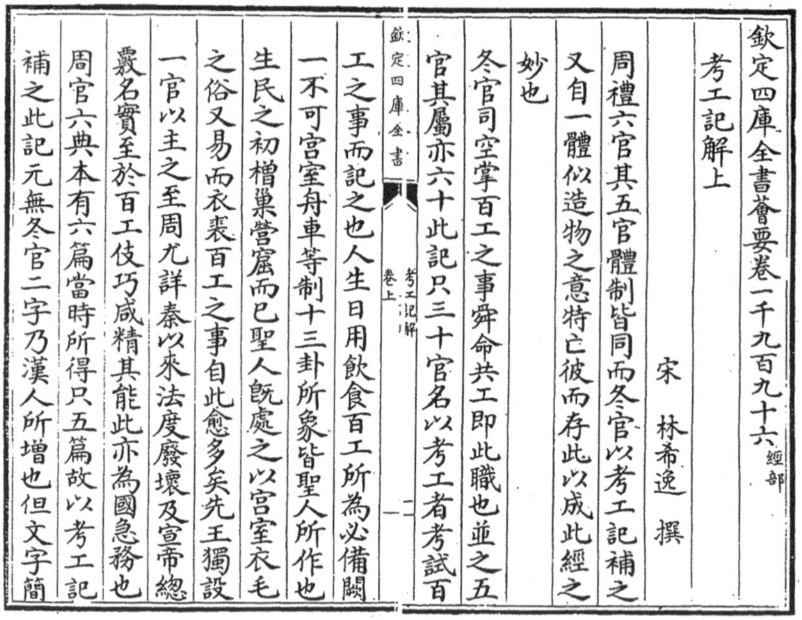
欽定四庫全書薈要卷一千九百九十六 經部

考工記解上

宋 林希逸 撰

周禮六官其五官體制皆同而冬官以考工記補之又自一體似造物之意特亡彼而存此以成此經之妙也

冬官司空掌百工之事舜命共工即此職也並之五官其屬亦六十此記只三十官名以考工者考試百

欽定四庫全書 考工記解 卷上 二

工之事而記之也人生日用飲食百工所為必備闕一不可宮室舟車等制十三卦所象皆聖人所作也生民之初橧巢營窟而已聖人既處之以宮室衣毛之俗又易而衣裘百工之事自此愈多矣先王獨設一官以主之至周尤詳秦以來法度廢壞及宣帝總覈名實至於百工伎巧咸精其能此亦為國急務也周官六典本有六篇當時所得只五篇故以考工記補之此記元無冬官二字乃漢人所增也但文字簡

图二十五　摛藻堂《四库全书荟要》本《考工记解》

“揉木”一词，众所周知，是将直木弯揉成弧曲之形，林氏居然解读为将弯木揉成直木，如此等等，不一而足，适足暴露了自己的浅薄与无知。由于此书文字明白浅显，而且将《三礼图》中与《考工记》有关的部分采入，便于初学，故流传至今。

清代学者，大多有坚实的小学功底，精于文字、音韵、训诂之道，尤其适合做名物研究，在《考工记》研究领域多所突破。成就比较突出的有，江永《周礼疑义举要》七卷，其解《考工记》二卷，尤为精核。

戴震《考工记图》，为《考工记》绘制了五十九幅有关器物的简图，注明器物尺寸，注文采自郑玄，或自己作了补注，对《考工记》本文及郑注多所是正，其图注可补原书的不足，可纠郑注的失误，可验遗器原物。

其中不少图已为后世出土文物所证实。

程瑶田，字易田，改字易畴，安徽歙县人。平生以著述为事，通音乐，能书法，旁及诗歌，精于鉴别。阮元《俦人传》称："少与休宁戴震相友善，故其经术最深。生平潜心实学，精于鉴别，尤肆力于《考工记》，旁涉六书九数。盖以其治经考古，皆莫离乎书、数二事。"[①] 著有《磬折古义》《考工创物小记》。

郑珍，字子尹，贵州遵义人，初受知于歙县程恩泽，进而求诸声音文

图二十六　戴震像
（采自《清代学者象传》）

字之原，及古宫室冠服之制。彼时，海内之士，崇尚考据，郑珍师承其说，实事求是，不立异，不苟同。又拜莫与俦为师，益得与闻清朝六七钜儒宗旨。郑珍于经最深"三礼"。有感于《周礼·考工记》轮舆，郑《注》精微，自贾《疏》以来，不得正解，说者日益支蔓，撰有《轮舆私笺》三卷，以及《凫氏为钟图说》。

限于篇幅，加之相关研究太过艰涩，下面仅举《轮人》考据中的两个例证，以窥全豹。

**关于轮牙。**《轮人》将毂、辐条、牙作为车轮的三个主要构件，并叙

① （清）阮元等撰，冯立昇、邓亮、张俊峰校注：《畴人传合编校注》，郑州：中州古籍出版社，2012年，448页。

述它们的功用：

> 毂也者，以为利转也。辐也者，以为直指也。牙也者，以为固抱也。

　　文中的"牙"，是指车轮的外圈（文献或作"辋"），学者读此，不能不产生两个疑问：其一，轮圈为何以"牙"为名？其二，经文说，"牙也者，以为固抱也"，又是何意？郑司农说："牙，读如跛者讶跛者之讶，谓轮辋也。"①所谓"跛者讶跛者"，出自《公羊传》成公二年的记载，是年，晋大夫郤克与鲁大夫臧孙许同时到齐国行聘礼。齐顷公之母萧同侄子窥见郤克脚不太好，是跛者；臧孙许眼不太好，是"眇"者。为了戏弄他们，便"使跛者迓跛者，使眇者迓眇者"。郑司农引此文，"迓"作"讶"，二字通用无别，都当"迎迓"讲。贾疏指出，"牙，迎也。此车牙亦辋之，使两头相迎，故读从之"②。认为郑司农以讶释牙，是"因辋牙相迓迎而得名"，轮圈是将两根（或数根）木条揉成弧形，如何彼此两端相接而成。可见，郑司农认为，"轮牙"一名，得自迎讶之义。

　　但是，郑司农未能解释经文"牙，以为固抱也"一语。后世诠解《考工记》者，于此等紧要之处，多不深究。如王与之《周礼订义》，对"牙"字得名之由，不置一词。林希逸则以私见曲解之：

> 牙，乃卷曲而为轮也。此全才矫揉而为之。太和之世，山出器车，

---

①②　（汉）郑玄注，（唐）贾公彦疏，彭林整理：《周礼注疏·冬官考工记第六》，上海：上海古籍出版社，2010年，1536页。

盖天生此才，可见成为轮不待人力也。固抱者，如人抱之而坚固也。①

林氏不知民生日用，徒驰臆想，居然说轮圈乃"全牙矫揉而为之"，其谬自不待辨。宋明学者论《考工记》之风气，多类同于此。

程瑶田不取先郑及贾氏之说："牙之名，生于众辐排建，有如牙床之建牙，故谓之牙。"②认为是取众辐并立如人口之牙之义。然《记》之牙，乃指轮之外圈，而众辐所建在毂，程氏之说以众辐为牙，不确。至阮元说轮牙，其义始得畅达：

> 《考工记》曰："牙也者，以为固抱也。"司农云："牙，读如跛者讶跛者之讶。"盖辋非一木，其曲须揉，《易·说卦》："坎为矫揉，为弓轮。"《急就篇》有"鞣"字。或合五而成规，或合六而成规。经无明文。其合抱之处，必有牡齿以相交固，为其象牙，故谓之牙。《说文》曰："牙，牡齿，象上下相错之形。"于车牙"牙"字则加木作"枒"，解曰："车辋会也。"盖枒本车辋会合处之名，本义也。因而车辋通谓之枒，此余义也。《考工记》曰："察其菑蚤不龋。"《说文》作"龋，齿蠹也。"此益可证名牙之义。又《春秋左氏传》曰："辅车相依。"杜预曰："车，牙车也。"车牙与辅车，互发其义也。③

① （宋）林希逸：《鬳斋考工记解（上）》，《景印文渊阁四库全书》（第95册），台北：商务印书馆，1986年，11页。

② （清）程瑶田：《考工创物小记》卷一《揉牙说》，《续修四库全书》（第85册），上海：上海古籍出版社，2002年，132页。

③ （清）阮元：《考工记车制图解》卷一，《续修四库全书》（第85册），上海：上海古籍出版社，2002年，401页。

阮氏引《易》《急就篇》《说文》《左传》之文为证，以车牙之得名，乃是因辋木曲揉后，彼此以牡牙相交，故《说文》又有训"车辋会也"①之"枒"字。验之考古出土车轮实物，可知一车之轮，确以辋木二或三根相交而成，而彼此相会之处，均有牡牙相接。阮说诚为不刊之论。

图二十七　山东嘉祥制作车轮的汉画像石（选自《山东文物选集》）

**轮绠。**《轮人》之中，至难索解者，尚有"轮绠"一词，

> 视其绠，欲其蚤之正也。

郑司农云："绠，读为关东言饼之饼，谓轮箅也。"②司农读"绠"为饼，乃"轮箅"之谓。读者多不知所云为何物？后儒悬测万度。林希逸云：

> 绠不知何物，郑云轮箅则车行不掉。恐是轮外两边有一重护牙者，

---

① （汉）许慎撰，（清）段玉裁注：《说文解字注》六篇上，上海：上海古籍出版社，1988年，246页。

② （汉）郑玄注，（唐）贾公彦疏，彭林整理：《周礼注疏·冬官考工记第六》，上海：上海古籍出版社，2010年，1538页。

故亦名算。此曰三分寸之二为轮之固，牙加以綅，则愈固也。《车人》云：大车綅寸，此乘车綅必亦一寸也。綅在牙轮外，三分其一寸，而以其二为辐爪之孔处，注云：綅，三分寸之二，辐股凿之数也。疏云：凿压之时，孔向外侵三分寸之二，使辐股外算，故曰辐股凿之数。凿即孔也。股字恐是骹字。[①]

王与之《周礼订义》卷七十一云：

盖凡造车，必置綅于辐外，一头入毂，一头入牙，所以遮护撑住着轮，使行时不至于摇机也。三分寸之二，注谓出于辐股凿之数，疏释云：凿牙之时，孔向外侵三分寸之二，使辐股外算。据疏之意，谓綅在辐外近毂处。辐广三寸半，辐是侧安者，此处甚高，必碍住綅，綅不容与辐一般排凿孔，使两头俱入牙。所以凿毂与牙之时，綅凿孔向外侵三分寸之二，疏虽只说凿牙，其实兼毂而言。盖綅那头必入毂故也。所谓三分寸之二者，以一寸三分之，而得其二也。以数计之，则綅离辐蕃爪凿孔六分有奇。如此，则綅不被辐高处阁起，又辅助住辐，辐有倚靠，则车行不掉，轮自坚固，所以谓之轮之固也。

方苞自信娴熟于《周礼》，而于此亦不得其解，氏云：

今时车牙外以铁叶裹之，綅之制疑类此。谓之綅者，形若绳也。[②]

---

① （宋）林希逸：《鬳斋考工记解（上）》，《景印文渊阁四库全书》（第95册），台北：商务印书馆，1986年，15a—15b页。

② （清）方苞著，徐到稳整理：《考工记析疑》卷一，载彭林、严佐之主编：《方苞全集》（第3册），上海：复旦大学出版社，2018年，694页。

清初，政府组织学者编撰《周官义疏》，论及此字，眼见学者猜谜射覆，感叹有加：

> 于是或从算字生义，则以为竹；或从缝字生义，则以为绳；愈说愈迷，皆由不详考注疏之故也。[①]

江永为清初开名物考据之风的大师，其所作《周礼疑义举要》之《考工记》二卷，尤为精核，江氏论缝，极之精彩：

> 缝非别有一物也，只是轮偏算之名。注疏谓轮算则车行不掉，实有至理。假令牙之孔与毂孔正相值，牙不稍偏向外，则重势两平，轮可掉向外，又可掉向内。造车者深明此理，欲去车掉之病，令牙稍出三分寸之二，不正与轮股凿相当，于是重势稍偏，而轮不得掉向内矣。[②]

江氏指出，缝并非单独一物之名，而是对牙、辐、毂三者不在同一平面上、周围高、中间低之形的一种描述。之所以如此，是因为三者若处于同一平面，"则重势两平，轮可掉向外，又可掉向内"，此"掉"是摇摆、摇晃，而非掉落。造车者从实践中总结出此种弊病，故而发明出"算"状结构，"令牙稍出三分之二，不正与轮毂凿相当"，令牙不与毂垂直相对，而是向外偏出，形状略如家常日用之"算"，如此，"重势稍偏而轮不得掉向内矣"。

---

① （清）鄂尔泰：《钦定周官义疏》卷四十《考工记》之一，《景印文渊阁四库全书》（第99册），台北：商务印书馆，1986年，377页。

② （清）江永：《周礼疑义举要》卷六《考工记》，北京：中华书局，1985年，63页。

戴震论绠的形制，有更为深入、清晰地描述：

> 辐上端入毂中，用正枘；下端入牙中，用偏枘，令牙外出，不与辐股骹参值，是为绠。绠之言偏邪也。蚤正，谓众辐齐平，虽有绠之减，蚤皆均正也。①

江永接着解释郑司农将其称为"轮箪"的缘由：

> 谓之轮箪何也？轮牙稍偏于外，而辐股向内隆起也。今饭甑内作竹底，四周下而中央隆起，谓之甑箪，此正汉时轮箪之遗语。但轮之辐股微隆，不若甑箪之甚耳。然则圆物不平、中隆而四周下者，通谓之箪也。试观车轮当牙，闭一目视之，又悬线视之，又以直物内外量之，牙心稍偏于外，入箫之凿未尝偏，但辐入牙之笋不用正而用边，缺边向内，则牙自偏外矣。上下凿不相当，而箫爪不齵，以爪用边笋故。②

需要特别指出的是，江永和戴震都未注意到"箄"与"箪"的区别，将"箄"改作"箪"，江永称"今饭甑内作竹底，四周下而中央隆起，谓之甑箪"。此说有误，段玉裁考定箄与箪绝异，《急就篇三》有"箄"字，注："箄，蔽甑底者也。"③《说文》："箄，蔽也，所以蔽甑底。"段玉裁

---

① （清）戴震：《考工记图》卷上《轮人》，上海：商务印书馆，1955年，13页。
② （清）江永：《周礼疑义举要》卷六《考工记》，北京：中华书局，1985年，63—64页。
③ （汉）史游撰，（唐）颜师古注：《急就篇》卷三，《景印文渊阁四库全书》（第223册），台北：商务印书馆，1986年，32页。

注："甑者，蒸饭之器，底有七穿，必以竹席蔽之，米乃不漏。"① 可见，算是放置在甑底部的竹席。

《急就篇》三："筵箪箕帚筐箧篓"，注："筵，所以箩去粗细者也，今谓之筛，大者曰筵，小者曰箪。"②《方言》十三："筥，小者南楚谓之篓，自关而西秦晋之间谓之箪。"郭注："今江南亦名笼为箪。"③《急就篇》注以"箩去粗细者"为箪，显误。段玉裁于"筵"字下注云："筵箪，器名，以上下文例之，是盛物之器，而非可以取粗去细之器也。可以取粗去细之器，其字作簏，不作筵。"④

郑珍说，绠是"轮偏出股凿之名，古无正字，其声如绠，《记》即以绠为之"，"汉人言轮偏出，其声如箪，因又以箪为之。绠与箪，只声有轻重，其实一也。今俗言物之偏出为箪出，犹汉之遗语"。⑤

清人关于轮绠的解读，终于获得正解，不仅使经文与注疏豁然贯通，而且完全符合当代物理学原理，今人的自行车，辐条与中轴均是斜向，亦非垂直关系。洛阳金村战国墓出土车轮，正是作"箪"状。

《考工记》的内容，涵盖丰富的上古工艺技术，其独特性，在当时罕有其匹。由于作者用上古语汇记叙与描述工艺程序、配合关系、材料特性，乃至不同构件尺寸之间的"模数关系"，使用了大量已经失传的术语、专

---

① （汉）许慎撰，（清）段玉裁注：《说文解字注》五篇上，上海：上海古籍出版社，1988年，192页。

② （汉）史游撰，（唐）颜师古注：《急就篇》卷三，《景印文渊阁四库全书》（第223册），台北：商务印书馆，1986年，32页。

③ （清）钱绎撰集：《方言笺训》，北京：中华书局，1991年，502页。

④ （汉）许慎撰，（清）段玉裁注：《说文解字注》五篇上，上海：上海古籍出版社，1988年，193页。

⑤ （清）孙诒让撰，王文锦、陈玉霞点校：《周礼正义》卷七十五，北京：中华书局，1987年，3147页。

有名词，从而大大增加了后人阅读的难度。因此，如何在清人的基础上继续解读此书，成为当今学界责无旁贷的艰巨任务。

此外，随着我国考古学的飞速发展，发掘出土的车辆、弓箭、殳矛、皮革等越来越多，因而迫切需要借助于《考工记》的记载加以解读。随着时间的推移，《考工记》的学术价值，不是日益衰减，而是越来越世人所重。

# 第九章 《周礼》的社会影响

《周礼》一书，历来被视为"非圣贤不能作"的、有周一代的恢弘典制，格局体大思精，内容博洽赅备，享有崇高的文化声誉，历史上不乏希冀以此为蓝本，改革官制，推动社会进步的执政者、政治家、学者，这是其他经典所罕见的现象。

## 第一节 社会改革

在中国古代历史上，每逢改朝换代之际，或者社会亟须振新之时，往往需要改革政治、经济制度。此时，《周礼》因其理想与完美，往往成为改革家效法与借鉴的对象。以下是古代援引《周礼》进行改革的主要案例。

1. 王莽改制

西汉后期，元、成、哀、平四帝时，由于官僚、地主、商人肆意兼并土地，出现了豪强地主集团，大量破产农民沦为奴婢，引发社会危机。王莽在成帝时担任大司马，哀帝死后，他扶立年仅九岁的平帝。平帝元始五年（5），王莽假托《周礼》改祭礼，"祀天则天文从，祭地则地理从"，"天地合祭，先祖配天，先妣配地"①云云。其后毒死平帝，王莽引《春官·司服》"王为三公六卿锡衰，为诸侯缌衰，为大夫、士疑衰，其首服皆弁绖"之说，为其定丧服。王莽居摄后，扶立两岁的孺子婴为帝，自称"假皇帝"，自比辅佐成王的周公。群臣要求朝廷让王莽"服天子韨冕，背斧依于户牖之间，南面朝群臣，听政事。车服出入警跸，民臣称臣妾，皆如天子之制"②。元始五年，王莽自立为帝，改国号为"新"。天地合祭，先祖配天，王莽"发得《周礼》，以明因监，则天稽古，而损益焉"③，依据《周礼》托古改制，希冀以此缓和社会矛盾。与《周礼》有关的举措主要有三，一是实行王田制，恢复"井田制"，无土地者，按一夫一妻授田百亩发给；一家男子不满八口者，可占田一井（九百亩）；奴婢改称"私属"，不得买卖。二是依据《周礼》推行"六筦"制度，宣布盐、铁、酒、钱币、山林川泽由政府管理，参照《周礼》的《司市》《贾师》职能，平衡市场物价；又据《周礼·泉府》的"赊贷"之法，将政府的滞货赊与民，在规定期限内归还即可。凡需"贷"款者，经政府审核同意即可，还款时需缴纳利息。三是参酌《周礼》礼制，更改官制与官名、刑罚、礼仪等。

2. 宇文泰革典

永熙三年（534）七月，北魏孝武帝为权臣高欢所逐，乃西奔关中依靠宇文泰建立西魏，国号"大魏"，建都长安（今陕西省西安市），宇文泰为丞相。永熙三年十二月，孝武帝死，孝文帝之孙元宝炬立，是为文帝，改元大统，史称西魏，宇文泰居相位。551年，元宝炬死，长子元钦嗣位。

---

① （汉）班固撰，（唐）颜师古注：《汉书》卷二十五下《郊祀志》，北京：中华书局，1962年，1268页。

②③ （汉）班固撰，（唐）颜师古注：《汉书》卷九十九上《王莽传》，北京：中华书局，1962年，4080页。

554年，元钦被废，元宝炬四子元廓立，是为恭帝，称元年，宇文泰自任太师，主持朝政。魏恭帝三年（556），宇文泰病死，由侄宇文护承继。557年，魏恭帝禅让于宇文觉，建立北周王朝，西魏亡。宇文泰被追尊为太祖文皇帝。

宇文泰依《周礼》改革官制，并非附庸风雅，而是出于对既有制度烦冗无效的郁闷，痛感其不利于应对当时复杂的局势。《周书·文帝纪》云："初，太祖以汉魏官繁，思革前弊。"①作《九命之典》，以叙内外官爵。到大统中，"乃命苏绰、卢辩依周制改创其事，寻亦置六卿官"②。这里提到命汉族士人苏绰、卢辩主其事，"依周制改创其事"，"置六卿官"，说的正是《周礼》。

《北史·苏绰传》云"绰少好学，博览群书"，文帝乃召为行台郎中，"然诸曹疑事，皆询于绰而后定。所行公文，绰又为之条式。台中咸称其能"。"以海内未平，常以天下为己任。博求贤俊，共弘政道"，"每与公卿议论，自昼达夜，事无巨细，若指诸掌"。③官拜大行台左丞，参典机密。

宇文泰赞同儒家德主刑辅的治国之道，认为唯有振兴文教，有步骤地进行文化建设，方能长治久安。大统元年（535）三月，宇文泰颁布二十四条新制。因苏绰学识渊博，文字能力强，富有事业心，故成为宇文泰的文胆。大统七年（541）九月，苏绰奉命起草的"先治心，敦教化，尽地利，擢贤良，恤狱讼，均赋役"④六条诏书颁布；三个月后，又颁布十二条新制，总共三十六条，内容极为广泛。

按照宇文泰的设想，在官民的文教取得一定成效之后，接着推行《周礼》官制，不料"未几而绰卒，乃令辩成之"⑤，请卢辩主持此务，可谓知人善任。

①② （唐）令狐德棻：《周书》卷二《文帝纪》，北京：中华书局，1971年，36页。

③ （唐）李延寿：《北史》卷六十三《苏绰传》，北京：中华书局，1974年，2242页。

④ 同上，2238页。

⑤ （唐）令狐德棻：《周书》卷二十四《卢辩传》，北京：中华书局，1971年，404页。

《周书·卢辩传》说，卢辩家"世代治儒学"，"辩少好学，博通经籍，举秀才，为太学博士"①，历任给事黄门侍郎、太常卿、太子少傅、少师、尚书右仆射、大将军等。卢辩在学术史上广为人知的贡献是，撰写了著名的《大戴礼记解诂》，足见是一位深于礼学的大学者。《卢辩传》说：

> （卢辩）于是依《周礼》建六官，置公、卿、大夫、士，并撰次朝仪，车服器用，多依古礼，革汉、魏之法。事并施行。今录辩所述六官著之于篇。天官府（管冢宰等众职），地官府（领司徒等众职），春官府（领宗伯等众职），夏官府（领司马等众职），秋官府（领司寇等众职），冬官府（领司空等众职）。②

卢辩用《周礼》制定的官制，替代汉魏以来的官职名号，原先沿用的秦汉官制则参照使用，地方官职依然沿用秦汉旧法。这一方案几年后方才正式颁行，六卿才落实到人：

> （魏恭帝）三年春正月丁丑，初行《周礼》，建六官。以太祖为太师、大冢宰，柱国李弼为太傅、大司徒，赵贵为太保、大宗伯，独孤信为大司马，于谨为大司寇，侯莫陈崇为大司空。③

北周六官制度的推行，有效地改革了官政、军政制度。加之宇文泰能打破门阀传统，不限资荫，唯贤是举，国力大增，最终消灭长期称雄的北

---

① （唐）令孤德棻：《周书》卷二十四《卢辩传》，北京：中华书局，1971年，403页。
② 同上，404页。
③ （唐）令孤德棻：《周书》卷二《文帝纪》，北京：中华书局，1971年，36页。

齐高氏集团。宇文泰革周旧制，大获成功，享有嘉誉，不仅"为前代史家所称道，至今日论史者尚复如此"[①]。

3. 王安石变法

北宋中期真宗、仁宗时期，国家积贫积弱，社会各阶层都盼望改革，振兴经济。北宋嘉祐三年（1058），王安石在上神宗的万言书中呼吁，对宋初以来的法度进行全面清理、改革，以扭转积贫积弱的局面。熙宁二年（1069），王安石出任参知政事，开始变法，故史称"熙宁变法"，次年升任宰相。

王安石在变法中，主持编撰的《周官新义》《诗经新义》《尚书新义》，

图二十八　王安石画像
（台北"故宫博物院"藏）

习称《三经新义》。神宗熙宁六年（1073），朝廷设经义局，由王安石提举，修撰《周礼》《尚书》《诗经》义，习称《三经新义》。熙宁八年（1075），书成，颁行天下传习，作为取士之标准。《三经新义》中，《周官新义》二十二卷为王安石所亲撰，王安石对《周礼》一书情有独钟，希冀为其变法寻找理论依据，清人全祖望说，"盖荆公生平用功此书最深，所自负以为致君尧舜者俱出于此，是固熙、丰新法之渊源也，故郑重而

---

① 陈寅恪：《陈寅恪集·隋唐制度渊源略论稿·职官》，北京：生活·读书·新知三联书店，2009 年，100 页。

为之"①。《诗经新义》《尚书新义》原书早已佚失，文渊阁四库全书本《周官新义》乃从《永乐大典》辑出。其书共有注文十六卷，四百五十二条。王安石自言，他所实施的募役法、保甲法、市易法等，都有其历史依据，可以归结到《周礼》。

王安石变法的目的是富国强兵，关键在理财，而《周礼》有关开源节流、严格管理的设计很多。所以，《周官新义》堪称是王安石变法的思想资源库。由于王安石变法不乏举措失当之处，并未得到大多数官民的拥护，故反对者甚众。此外，《周官新义》解经太"新"，引起后人巨大争议，进而怀疑其人品，并与复杂的党派之争纠缠不休。反对变法者为击倒王安石，猛烈抨击《周礼》一书，指斥其为伪作。四库馆臣评价王安石变法的功过是非：

> 安石以《周礼》乱宋，学者类能言之。然《周礼》之不可行于后世，微特人人知之，安石亦未尝不知也。安石之意，本以宋当积弱之后，而欲济之以富强，又惧富强之说，必为儒者所排击。于是附会经义，以钳儒者之口，实非真信《周礼》为可行。迨其后，用之不得其人，行之不得其道，百弊丛生，而宋以大坏，其弊亦非真缘《周礼》以致误。……故安石怙权植党之罪，万万无可辞，安石解经之说，则与所立新法各为一事。程子取其《易解》，朱子、王应麟均取其《尚书义》，所谓言各有当也。②

① （清）全祖望：《荆公〈周礼新义〉题词》，《清代诗文集汇编》编纂委员会：《清代诗文集汇编》（第303册），《鲒埼亭集外编》卷二十三，上海：上海古籍出版社，2010年。

② （清）永瑢等：《四库全书总目》卷十九《经部十九·礼类一》《周官新义》条下，北京：中华书局，1965年，150页。

王安石试图援引《周礼》推行改革，牵动了社会的所有层面，引起轩然大波，成为宋代历史上最重要的事件之一。后人对王安石变法的成败得失，见仁见智，至今未能平息。元丰八年(1085)，宋神宗去世，变法彻底失败。

## 第二节　都城布局

《周礼》的建国之制，见于《考工记·匠人》："匠人营国，方九里，旁三门。国中九经九纬，经涂九轨。左祖右社，面朝后市。"文中的"国"指国都。"方九里"，是九里见方。"旁三门"，指四面城墙各开三个城门。"国中九经九纬"，是说连接南北方向和东西方向的城门，就构成纵向和横向的大路各九条。"经涂"，是南北方向的主干道路，"经涂九轨"，是说路的宽度可以使九辆车并排通过。"左祖右社"，是说国都的左面是天子的祖庙，右面是祭祀社神和谷神的坛。"面朝后市"，是说宫城的前部是天子治理国家的"朝"，后部是天子的配偶"后"治理商业活动的"市"。

《周礼》关于都城格局的设计，含有阴阳思想。《周礼》将天子与后作为人间阴、阳二极的代表。在宫廷的南北方向上，南为阳，北为阴，所以，天子居南，朝阳，象征阳位；后居北，朝阴，象征阴位。天子治朝，后治市，是阴阳分治的意思。在宫廷的东西方向上，左（东）为阳，右（西）为阴，列祖列宗是人，属阳，所以居左；社神即土神，与天相对，属阴，所以居右。

从学理上看，《周礼》的建国之制富于哲理，可谓尽善尽美，但在历史上却迟迟不能成为现实，因新朝大多利用前朝旧城而建，新任帝王并无太多施展空间。始料未及的是，真正将《周礼》建都方案付诸实施的，是蒙古族出身的帝王忽必烈。至元四年（1267），刘秉忠奉忽必烈之命建造元的都城。

刘秉忠按照《周礼》设计元的都城，有外城、皇城、宫城三重。外城平面略呈长方形，东、南、西三面各有三座城门，唯独北面为两座城门：

南面（自西而东）：顺承门、丽正门、文明门

东面（自北而南）：光熙门、崇仁门、齐化门

西面（自北而南）：肃清门、和义门、平则门

北面（自西向东）：健德门、安贞门

根据《周礼》的设计，天子与后，是人类阴、阳的代表。所以天子为阳，南面而治理朝政，后为阴，管理城内的"市"，元大都的"市"主要集中在宫城之北。

按照《周礼》"左祖右社"的设计，太庙是国庙，是帝王率领群臣祭祀列祖列宗的地方，社稷坛是帝王祭祀土地神和五谷神的场所。故分别设在宫城的左前方和右前方。太庙即今劳动人民文化宫，社稷坛即今中山公园中的主体建筑——上覆五色土的三层方台。

《周礼》王者在圜丘祭天，在方泽祭地。故北京城的设计，根据阴阳区分的原则，将皇帝祭祀昊天上帝的天坛建在城南，祭祀地神的地坛建在城北。此外，祭祀日神（太阳）的日坛在城东，祭祀月神（太阴）的月坛在城西，东西相对。

宫城分前后两大部分，前为阳，后为阴。前一部分以太和、中和、保和三大殿为主体，文华、武英两殿为侧翼，称为前朝，是天子举行盛大典

礼和议政的场所。后一部分以乾清宫、坤宁宫、交泰殿及东西六宫为中心，以宁寿宫和慈宁宫为两翼，称为内廷。

太和殿是宫城的重心所在，以此为基准，左右再分阴阳。太和殿的左侧为文楼、右侧为武楼。朝见百官时，太和殿前的广场，左边（东边）是文官的站跪之位，右边（西边）是武官的站跪之位。再往南，左边是文华殿，右边是武英殿。天安门前的横街上，原先左右各有一道门墙，名为"三座门"；左边（东侧）的门俗称"龙门"，每年科举中榜的状元等，骑马从龙门出发游街；右边（西边）的门俗称"虎门"，秋决的罪犯从这里押解菜市口行刑。今天的天安门广场，原先有大片行政办公性的建筑，以千步廊为界，分为东西两部分，东部为文职六部（吏、户、礼、兵、刑、工）的衙门，西部为武官五军都督府的官署。北京城的南面有三座城门，左边（东边）为崇文门，天下举子进京会试，由此门入城；右边（西边）为宣武门，每逢出师远征，从此门出城。凡此，都有阴阳分立的意思。

"九"是阳数的最高位，为人君所宜有，所以北京城的中轴线上从南往北分布着九座城门：永定门、正阳门、大清门、天安门、端门、午门、太和门、乾清门、神武门。由于古书有天子五门（皋门、库门、雉门、应门、路门）三朝之说，所以，故宫的设计者以乾清门、太和门、午门、端门、天安门等以及诸门之间形成的空间，比附五门、三朝的古制。清代在天安门颁诏和秋审，在午门献俘和颁发时宪书，是为外朝；太和殿是大朝正殿，是为治朝；乾清宫是皇帝宸居正寝和召见臣工之处，是为燕朝。[①]

在故宫的建筑布局中，五行思想也有充分体现。前朝的三大殿位于紫

---

[①] 故宫的门廷如何与古代的五门、三朝对应，学术界的看法有分歧，这里采用的是其中的一种说法。

禁城的中央，是天子的所在，按照五行的理论，此处应为中央土。设计者巧妙地在三大殿的周边用汉白玉围砌成台阶，从而勾勒出一个巨大的"土"字，既体现了哲学寓意，又烘托出了三大殿的雄伟，可谓别具匠心。中央土为黄色，所以紫禁城的琉璃瓦以黄色为主。

三大殿东面的三所，是皇太子所居，太子年青，正在成长之中。东方属木，青色，所以屋顶用绿色琉璃瓦，号称"青宫"。紫禁城内所需生活用水，除井水外，多为从西山引来活水，因西方属金，故称金水河。南方属火，色红，故午门大檐下的彩画用红色火焰纹。

紫禁城御花园有"天一门"，取"天一生水"之义，故墙体为黑色，与五行中的北方水位对应。神武门原名"玄武门"，玄武与苍龙、朱雀、白虎组成"四象"，是北方的象类，后因避康熙的讳而改称神武门，东西两侧的大房为宫中老妇所居，妇人属阴，老妇犹如四季之冬，故居于北部，琉璃瓦用黑色。钦安殿是紫禁城最北端的大殿，北面正中的石栏板用水纹雕饰，暗含北方水位之意。

今中山公园的社稷坛，是天子祭祀四方土地神之处。四方土地之色不同，分别为青、赤、白、黑、黄，故坛划分成东、西、南、北、中五块，依五行之色安排。

# 第三节　官制与文教

### 1. 六官与六部

说到中国古代的官制，人人耳熟能详的，莫过于吏部、户部、礼部、兵部、刑部、工部等六部，而六部就是由《周礼》六官直接引用而来。

先秦的职官体系比较简略，西周及东周列国虽有司徒、司马、司空的官名，但并没有如同《周礼》那样完美的体系。

东汉光武帝在尚书台设三公曹、吏曹、民曹、客曹、二千石曹、中都官曹等六曹尚书负责处理政务，都是隶属于内廷的官署。三国曹魏时，正式成立尚书省，以及中书省和门下省。西晋，在尚书省之下设吏部、殿中、五兵、田曹、度支、左民等六曹。

宇文泰革典，首次将《周礼》六官引进国家官制体系。至隋，确立三省六部制，掌管中央政令和政策的制定、审核与执行。三省的长官，为侍中、中书令、尚书令。又在尚书省下设吏、礼、兵、度支（后改为户）、都官（后改为刑）和工等六部，最初官名与顺序与《周礼》略有不同，但内涵则完全对应。其后，逐步规范为吏部、户部、礼部、兵部、刑部、工部，与《周礼》天官、地官、春官、夏官、秋官、冬官完全一致。

唐以后的历朝官制，三省的变化较大，或分或合，游移不定，而六部之制则几乎没有变动。明初，以中书省统六部，长官称左右丞相。洪武十三年（1380），废丞相，撤销中书省，六部直接对皇帝负责。清代沿袭明制，由六部尚书分管天下政务。

2. 五礼

上古时代，诸事草创，仪式众多，或由远古习俗演变而来，或临事而创建，形形色色，人称礼义之邦。《春官·大宗伯》掌建邦之天神、人鬼、地示之礼，以佐王建保邦国。天神、地示属于自然神，人鬼是指祖先神。

《大宗伯》将天下之礼归纳为吉、凶、宾、军、嘉五大类：

> 以吉礼事邦国之鬼神示;
>
> 以凶礼哀邦国之忧;
>
> 以宾礼亲邦国;
>
> 以军礼同邦国;
>
> 以嘉礼亲万民。

每一大类之下又有细密的分类，说明该礼所包含的对象、礼名等等，如吉礼的细目为:

> 以禋祀祀昊天上帝，以实柴祀日、月、星、辰，以槱燎祀司中、司命、风师、雨师;以血祭祭社稷、五祀、五岳，以狸沈祭山林、川泽，以疈辜祭四方百物;以肆献祼享先王。

凶礼的细目如下:

> 以馈食享先王，以祠春享先王，以禴夏享先王，以尝秋享先王，以烝冬享先王。以丧礼哀死亡，以荒礼哀凶札，以吊礼哀祸灾，以襘礼哀围败，以恤礼哀寇乱。

宾礼的细目如下:

> 春见曰朝，夏见曰宗，秋见曰觐，冬见曰遇，时见曰会，殷见曰同。时聘曰问，殷眺曰视。

军礼的细目如下:

> 大师之礼，用众也；大均之礼，恤众也；大田之礼，简众也；大
> 役之礼，任众也；大封之礼，合众也。

嘉礼的细目如下：

> 以饮食之礼，亲宗族兄弟；以昏冠之礼，亲成男女；以宾射之礼，
> 亲故旧朋友；以飨燕之礼，亲四方之宾客；以脤膰之礼，亲兄弟之国；
> 以贺庆之礼，亲异姓之国。

《周礼》"五礼"使纷繁的礼仪有了合理的体系，便于万民记诵，功不可没。但是，此五礼的名目的来历，无人能指出。《尚书·舜典》云，舜"修五礼"，但未说明是哪五礼，孔安国传云："修吉、凶、宾、军、嘉之礼。"以《周礼》之说坐实之。又《尚书·皋陶谟》"天秩有礼，自我五礼"，孔传认为是公、侯、伯、子、男五等之礼，孔疏引郑玄说，则以为是天子、诸侯、卿大夫、士、庶民五等之礼，说法不同。注疏家的诠释是否符合经典本义，难以断言。意味深长的是，《周礼》注疏又引《尧典》"五礼"为佐证，如此众口一词，循环论证，久而久之，《周官》"五礼"名目已为社会广泛接受，"二十四史"中的《礼仪志》介绍当朝礼仪，几乎都以《周礼》五礼体系为规范，逐一罗列。清人秦蕙田的《五礼通考》，亦以此"五礼"为大纲。

3. 六艺

今人多以礼、乐、射、御、书、数为孔子"六艺"，并指实为孔子教育弟子的科目，有些名胜景点甚至打造"六艺园"，以招徕游客。平心而论，

所谓"孔子六艺"之说，在《论语》《孟子》《礼记》中得不到证明。其实，此说源自《周礼·地官·保氏》："掌养国子以道，教之六艺：一曰五礼，二曰六乐，三曰五射，四曰五御，五曰六书，六曰九数。"此六艺之前有五、六、九之数，仅凭经文，不知所指。郑注云：

> 五礼者，玄谓吉、凶、宾、军、嘉。六乐者，玄谓《云门》《大咸》《大韶》《大夏》《大濩》《大武》。五射者，先郑云："白矢、参连、剡注、襄尺、井仪。"五御者，先郑云："鸣和鸾、逐水曲、过军表、舞交衢、逐禽左。"六书者，先郑云："象形、会意、转注、处事、假借、谐声。"九数者，先郑云："方田、粟米、差分、少广、商功、均输、方程、赢不足、旁要。"此九章之术是也。①

读上文可知，《周礼》六艺之五射、五御、六书、九数，郑玄似不知为何物，故引先郑之说为说。而先郑之说是否可信，很难质证。即使先郑之说可信，但有一点可以肯定，即《周礼》六艺的内容极其复杂，五射是五种射法，五御是五种驾车技术，九数是九章算术，恐怕不会是孔子教授弟子的科目，也绝非今人所理解的六艺。

4.六书

《地官·大司徒》"以乡三物教万民而宾兴之"："三曰六艺，礼、乐、射、御、书、数"，郑注："书，六书之品。"《地官·保氏》："掌养国子以道，教之六艺：一曰五礼，二曰六乐，三曰五射，四曰五御，五曰六书，六曰九数。"六书者，先郑云："象形、会意、转注、处事、假借、

---

① （汉）郑玄注，（唐）贾公彦疏，彭林整理：《周礼注疏·地官司徒第二》，上海：上海古籍出版社，2010年，370页。

谐声。"① 许慎《说文解字》的"六书"说，即源于此。

## 第四节 《周礼》在古代朝鲜

古代朝鲜半岛在进入历史时代之后，主要经历了三个时代：三国时代（前 57—668）、高丽时代（918—1392）、朝鲜时代（1392—1910）。

朝鲜太祖三年（1394），郑道传奉旨编撰《朝鲜经国典》，为新王朝正宝位、国号，定国本、世系。郑氏仿照《周礼》体系，将朝鲜官制分为治典、赋典、礼典、政典、宪典、工典等六典，奠定了职官礼的框架和基调。《朝鲜经国典》出于太祖立国之初，其时诸事草创，尚无条件提出本朝的治国方略，故除"宪典"采用《大明律》外，其余五典几乎是高丽朝法令的汇编，而且条例繁复，脉络不清，甚至参酌日本律令，内容驳杂。有鉴于此，从太祖到成宗，历经九朝臣僚之手，耗时约七十年，终于修订完竣，易名为《经国大典》，颁布于世。

与《朝鲜经国典》一样，《经国大典》的基本模范是《周礼》，但将《朝鲜经国典》的治典、赋典、礼典、政典、刑典、工典，改称为吏典、户典、礼典、兵典、刑典、工典，以与《周礼》完全一致。官方冀其成为朝鲜的《周礼》，《经国大典·序》说："自古制作之隆，莫如成周。周官以六卿配之天地四时"，"其曰六典，即周之六卿；其良法美意，即周之《关雎》、《麟趾》；文质损益之宜，彬彬郁郁。孰谓《大典》之作不与《周礼》而

---

① （汉）郑玄注，（唐）贾公彦疏，彭林整理：《周礼注疏·地官司徒第二》，上海：上海古籍出版社，2010 年，370 页。

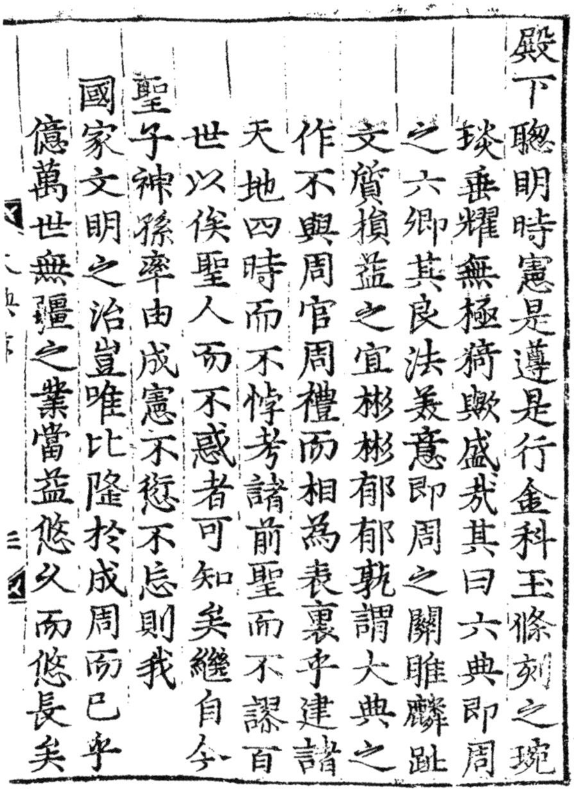
殿下聰明時憲是遵是行金科玉條刻之琬
琰垂耀無極猗歟盛哉其曰六典即周
之六卿其良法美意即周之關雎麟趾
文質損益之宜彬彬郁郁孰謂大典之
作不與周官周禮而相為表裏乎建諸
天地四時而不悖考諸前聖而不謬百
世以俟聖人而不惑者可知矣繼自今
聖子神孫率由成憲不愆不忘則我
國家文明之治豈唯比隆於成周而已乎
億萬世無疆之業當益悠久而悠長矣

图二十九 韩国首尔大学奎章阁藏本《经国大典·序》

相为表里乎！”①

平心而论，《经国大典》的架构体系，虽极力模仿《周礼》《开元六典》以及《大明律》，问题依然较多。究其原因，除两国历史、职官体系方面的差异之外，主要是朝鲜的《周礼》之学远不如《家礼》发达，研究者稀少。《周礼》的官政之法，体大思精，如以人法天、以简驭繁、官联制衡、儒法相济等，都有精意妙蕴在其中。《经国大典》的编撰者欲驾驭《周礼》，

① （韩国）徐居正：《经国大典·序》，韩国首尔大学奎章阁藏本，4—5页。

显得力不从心，故每每是作表象的模仿。

到朝鲜英宗、正宗时代，有著名学者丁镛，世精于礼学，认为"《周礼》是周家大典"，对此书有深入研究，对其所载官政大法，备极推崇，以为经邦治国，舍此则无所适从。

> 我若无病久生，则欲全注《周礼》，而朝露之命不知何时归化，不敢生意。然心以为三代之治苟欲复之，非此书无可着手。①

丁镛，本名若镛，号茶山、俟庵，堂号与犹，朝鲜的硕学鸿儒，英正实学的集大成者。英宗壬午年（1762）六月，生于洌水，二十二岁以经义登进士第，二十八岁中甲科第一名，历任京畿暗行御史、弘文馆校理、司谏院司谏、兵曹参议、兵曹参知、右副承旨等职。年四十罹罪，谪守于长髻、康津，达十八年之久，其间潜心著述，遍注六经四书，备述经世之道，遂浸成大家之言。

茶山五十六岁时，以《周礼》为蓝本，全面清理《经国大典》存在的问题，欲使之既存《周礼》六官之名，又得其实。凡旧典与《周礼》相抵牾者，均以《周礼》为规矩绳墨而正之；凡《周礼》语焉不详者，均依李朝实际现状申而述之；凡对《周礼》经文有讹传、误解者，均还其本。于是，而作《经世遗表》。

茶山依《周礼》全面厘正《大典》，大略有以下数类：

1. 总体格局仿效《周礼》

《周礼·天官·冢宰》总叙有"一曰天官，其属六十，掌邦治""二

---

① （韩国）丁若镛：《与犹堂全书·诗文集》（第3册），汉城：骊江出版社，1992年，300页。

曰地官，其属六十"云云之语，茶山将其概括、转换成如下文字，置于卷首：

> 乃命六官，修厥职事，分其属司，以佐王平邦国：一曰天官吏曹，其属二十，掌邦治；二曰地官户曹，其属二十，掌邦教；三曰春官礼曹，其属二十，掌邦礼；四曰夏官兵曹，其属二十，掌邦政；五曰秋官刑曹，其属二十，掌邦刑；六曰冬官工曹，其属二十，掌邦事。凡六属之官，大事关于曹，小事专决之。①

《大典》虽有六曹之名，但属官系统全然有别，职官分东西两班，每班之中又有京官和外官之分。议政府总辖六曹，但宗亲府、忠勋府、仪宾府、敦宁府、中枢府等"五上司"又游离于六曹之外。官员数目无定制，仅京官即有一百一十之多。每曹每司之员数亦无格式可依，"破碎散漫""端绪莫寻"②。

茶山将《大典》职官"或分而析之，或聚而合之，或增而补之，于是溯考古典，各以其类分于六曹，六曹之属各为二十，则其数一百二十"③，为《周礼》规模的三分之一，因为"《周礼》，天子之礼；我国家藩国也，制度宜小"④。《周礼》三百六十职官有备天道之义。茶山以为"一百二十亦天地度数之象也"⑤。

《周礼》官阶仅七品，简要、明快。《大典》官阶，自一品至九品，各有正从，共十八品，每品又各分二级，总共三十六级，累赘繁复之极。

---

①③④⑤（韩国）丁若镛：《经世遗表·天官吏曹第一》，《与犹堂全书》（第14册），汉城：骊江出版社，1992年，15页。

② 同上，16页。

茶山云："古唯七品而天下治，百姓安，今必分之为三十六级，将何益矣"①，遂将官阶省减为九品，除一、二品有正从之级，其余均无。"如是，然后上可以考三古之典章，下可以正百官之纪纲，议一衣章，议一车制，议一车绥，议一食饔，皆可以溯古通今"②。

官员的命数，《周礼》规定为九命：上公九命，侯伯七命，子男五命，王之三公八命，卿六命，大夫四命，上士三命，中士再命，下士一命。茶山认为，朝鲜为藩国，其仪文不宜逾越中国，因此"九命虽有所不敢，八命以下恐不必嫌僭也"③，乃仿《典命》之法定为八命：三公八命，三少七命，上大夫六命，中大夫五命，下大夫四命，上士三命，中士再命，下士一命。

2. 官员的配属与名称依《周礼》改定

《大典》虽有六曹之制，但官员配属十分随意，不依《周礼》设置。如《周礼·天官》设有掌王之宫廷、寝舍、膳饮、服饰、医疗、妇寺等职，含有宫府一体之意。《大典》无此主旨，随意设置：

司饔院　吏曹

司卖寺　户曹

内资寺　户曹

内赡寺　户曹

司膳监　户曹

以上五职，除司饔院属吏曹与《周礼》相合外，其余四职皆不合，以膳饮之官入户曹，尤为不类，故茶山将此四职依《周礼》归于吏曹。

《大典》职名也较混乱。名不正则言不顺，言不顺则事不成。如《大

---

① ② ③ （韩国）丁若镛：《经世遗表·天官吏曹第一》，《与犹堂全书》（第14册），汉城：骊江出版社，1992年，171页。

典》有春秋馆掌史，茶山云：

> 吾东国史不名《春秋》，则不必称春秋馆也。《周礼》春官有太
> 史、小史、内史、外史皆史官也。其掌史事者小史，外史，而总隶太史、
> 则太史其长官也。[①]

故茶山改春秋馆为太史院，使之名实相符。

凡有其名而无其实者，必使之名实相符。《周礼》有路鼓之设，以听天下冤情。受此影响，李朝太宗二年（1401）始设"申闻鼓"，但无鼓院，鼓立于门禁森严的官阙之内，民人难以击之，冤屈无由上达。茶山云：

> 丹凤门最近于便殿，就丹凤门外买一屋，起高楼，以为路鼓之院。
> 凡有冤者，怀状至院，登楼击鼓，以状授院郎，即虽罪孽恶人，悖言委说，
> 院郎有受而无却，及以其状送于政院，听朝廷处置，诚不易之良法也。[②]

如此，《周礼》路鼓之意方得实现。

3.《大典》所无之职，依《周礼》增之

《周礼》大司徒"掌建邦之土地之图，与其人民之数"，地官有载师等官掌土地、赋税，秋官有小司寇及司民掌登万民之数，均极重要。《大典》则无相应职官掌理之。茶山遂别立版籍司，掌管户籍，检稽人口，以解决"徭役日繁，民唯以欺隐户口作为家计"之问题。又增立经田司，"以

---

① （韩国）丁若镛：《经世遗表·天官吏曹第一》，《与犹堂全书》（第14册），汉城：骊江出版社，1992年，66页。

② 同上，121页。

治公田之法"，查核土地，征收田税等。

《周礼》春官所司也极广泛，其职之一为以礼齐民，掌民间诸礼，《大典》无相应职官掌理。茶山乃别立齐礼监，专司婚、冠、丧、祭之礼，纠正违礼、僭礼者，并负责制定立后之法。

《周礼》极重视对万民的教化，乡遂各级亲民之官都有教民之责，乡遂之学也遍布于各地，大司徒"以乡三物教万民"，总掌教化。后世户部以掌赋财为主，"百官星罗，而教人之职无一人；于是伦常致绝，风俗坏败，后世之治，虽汉文帝、唐太宗，终不能得三古之仿佛"[①]，遂专设六学，以教化万民为职，每学设乡大夫、教授、训导、童蒙教官等，六部每部设教官二人，与之配合。

4. 引《周礼》之制革除《大典》之弊

李朝时，阴阳拘忌之说大盛，以至设官分职有地理学、命课学之类，历书每日之下多注明"宜祭祀""宜婚姻""不宜出行"等，荒唐不稽，如有"为葬而择日者，或云'月德不吉'而全弃一月，或云'年运不合'而全弃一年，其害可胜言哉"[②]。茶山云："《周礼》有族葬之法，则周公不令百姓观风水以葬亲也。"[③]因此，务将风水邪说"并行汰削"，作为替代：

> 乃取《夏小正》《月令》，选其王政之善者，按节编入。又取古
> 今农书、本草，凡九谷百果诸药，宜种宜符宜采之说，考其节气，别
> 其南北，详注于本日之下，如今之宜忌诸文，则代天理物，敬授人时，

---

① （韩国）丁若镛：《经世遗表·地官吏曹第二》，《与犹堂全书》（第14册），汉城：骊江出版社，1992年，33页。

②③ 同上，27页。

无以逾是矣。①

茶山建议将八道布政司节气时刻、日月交食时刻、日出入时刻列为二表，取代"年神方位图"等，可谓以科学扫除邪巫。

《大典》所立内医院、典医监、惠民署等"三医司"，均因财政拮据而"不能修其职掌"，成为徒有虚名之府。《周礼》有九赋之法，其一为邦中之赋，茶山认为应据之征收药市之赋，开一财源，以医养医：

> 今百肆坐市之民皆有赋役，唯独卖药之市不征其赋，斯亦不均之政也。虽其操业清雅，其为商贾则一也，乌得无征？今拟六部卖药之铺分之为三等：上等岁征三缗，中等征二缗，下等征一缗。东三部属之于典医监，西三部属之于惠民署，以供油薪之费，以给吏隶之料，不可已也。②

茶山此法，使市赋得均，医署得救，可谓两全之策。

税收为国家财政之主要来源，征收得法则民用不匮而国用不竭，反之，民出不均，苦乐悬殊，而国府犹有枯竭之虞。《周礼》一书，经济管理思想极其丰富，开源节流之制贯穿其中，茶山深得其旨，故屡引之以革时弊。

朝鲜山岭资源丰富，然仅京都之四山设四山参军一职管理，余皆无人问津。山林之木，唯松树不准滥伐，而优质之桧、柏、松、榆、枫、槿等，则放任砍斫。土豪官吏趁机从中渔利。山林动物，山民但食其肉，将皮毛

---

① （韩国）丁若镛：《经世遗表·天官吏曹第一》，《与犹堂全书》（第14册），汉城：骊江出版社，1992年，26页。

② 同上，28页。

齿角视为无用之物弃之，官府不知收取，以供国帑兵器之切需。山林所产人参、貂皮，中国视为宝货，政府也不知利用，听任贪官坐享其利。

《周礼》的山林管理极其细密，务使地尽其利，物尽其用，各种物产均有藩篱为界，严加保护，民不得擅入。砍伐与猎捕，只能在指定的时间或地区内进行。山虞总掌山林政令，其下有卝人、角人、羽人、掌葛、掌炭等官负责矿产、鸟兽骨角、葛蔓、灰炭等等的管理。茶山云：

> 今拟十二省名山大岳皆书于籍，辨其方域，别其土宜，管其种植，察其厉禁，收其赋税，以佐国用。……凡产茶之山，令地方官封植，禁民樵牧，待其茂盛。岁以茶几斤输于林衡，送于满河省，以市良马，颁于牧场，亦足以赡国用也。①

其他各山林之皮毛齿角，则由山虞寺掌管，海岛之松田杂木，由镇将主之，各路寺刹之树木茂密者，均书于版籍，收取薄税，增补国用。

丁茶山是中国本土之外、唯一希冀援《周礼》推行新政的政治家。《经世遗表》，洋洋三十余万言，绝非对《周礼》的简单移用，茶山是深知《周礼》者，谙熟《周礼》内在的格局、大义、学理、原则，以之经世致用，法古开新，以为淑世救民之纲要，无论就学术言，还是就治术言，其成就都不可磨灭。

---

① （韩国）丁若镛：《经世遗表·冬言工曹第六》，《与犹堂全书》（第14册），汉城：骊江出版社，1992年，138—140页。

# 附录：《周礼》序官总表

## （《冬官》序官原阙）

**治官之属：**

大宰，卿一人。小宰，中大夫二人。宰夫，下大夫四人，上士八人，中士十有六人，旅下士三十有二人；府六人，史十有二人，胥十有二人，徒百有二十人。

宫正：上士二人，中士四人，下士八人；府二人，史四人，胥四人，徒四十人。

宫伯：中士二人，下士四人；府一人，史二人，胥二人，徒二十人。

膳夫：上士二人，中士四人，下士八人；府二人，史四人，胥十有二人，徒百有二十人。

庖人：中士四人，下士八人；府二人，史四人，贾八人，胥四人，徒四十人。

内饔：中士四人，下士八人；府二人，史四人，胥十人，徒百人。

外饔：中士四人，下士八人；府二人，史四人，胥十人，徒百人。

亨人：下士四人；府一人，史二人，胥五人，徒五十人。

甸师：下士二人；府一人，史二人，胥三十人，徒三百人。

兽人：中士四人，下士八人；府二人，史四人，胥四人，徒四十人。

渔人：中士二人，下士四人；府二人，史四人，胥三十人，徒三百人。

鳖人：下士四人；府二人，史二人，徒十有六人。

腊人：下士四人；府二人，史二人，徒二十人。

医师：上士二人，下士四人；府二人，史二人，徒二十人。

食医：中士二人。

疾医：中士八人。

疡医：下士八人。

兽医：下士四人。

酒正：中士四人，下士八人；府二人，史八人，胥八人，徒八十人。

酒人：奄十人，女酒三十人，奚三百人。

浆人：奄五人，女浆十有五人，奚百有五十人。

凌人：下士二人；府二人，史二人，胥八人，徒八十人。

笾人：奄一人，女笾十人，奚二十人。

醢人：奄一人，女醢二十人，奚四十人。

醯人：奄二人，女醯二十人，奚四十人。

盐人：奄二人，女盐二十人，奚四十人。

幂人：奄一人，女幂十人，奚二十人。

宫人：中士四人，下士八人；府二人，史四人，胥八人，徒八十人。

掌舍：下士四人；府二人，史四人，徒四十人。

幕人：下士一人，府二人，史二人，徒四十人。

掌次：下士四人；府四人，史二人，徒八十人。

大府：下大夫二人，上士四人，下士八人；府四人，史八人，贾十有六人，胥八人，徒八十人。

玉府：上士二人，中士四人；府二人，史二人，工八人，贾八人，胥四人，徒四十有八人。

内府：中士二人；府一人，史二人，徒十人。

外府：中士二人；府一人，史二人，徒十人。

司会：中大夫二人，下大夫四人，上士八人，中士十有六人；府四人，史八人，胥五人，徒五十人。

司书：上士二人，中士四人；府二人，史四人，徒八人。

职内：上士二人，中士四人；府四人，史四人，徒二十人。

职岁：上士四人，中士八人；府四人，史八人，徒二十人。

职币：上士二人，中士四人；府二人，史四人，贾四人，胥二人，徒二十人。

司裘：中士二人，下士四人；府二人，史四人，徒四十人。

掌皮：下士四人；府二人，史四人，徒四十人。

内宰：下大夫二人，上士四人，中士八人；府四人，史八人，胥八人，徒八十人。

内小臣：奄上士四人；史二人，徒八人。

阍人：王宫每门四人，囿游亦如之。

寺人：王之正内五人。

内竖：倍寺人之数。

九嫔，世妇，女御。

女祝四人，奚八人。女史八人，奚十有六人。

典妇功：中士二人，下士四人；府二人，史四人，工四人，贾四人，徒二十人。

典丝：下士二人；府二人，史二人，贾四人，徒十有二人。

典枲：下士二人；府二人，史二人，徒二十人。

内司服：奄一人，女御二人，奚八人。

缝人：奄二人，女御八人，女工八十人，奚三十人。

染人：下士二人；府二人，史二人，徒二十人。

追师：下士二人；府一人，史二人，工二人，徒四人。

屦人：下士二人；府一人，史一人，工八人，徒四人。

夏采：下士四人；史一人，徒四人。

**教官之属：**

大司徒，卿一人。小司徒，中大夫二人。乡师，下大夫四人。上士八人，中士十有六人，旅下士三十有二人。府六人，史十有二人，胥十有二人，徒百有二十人。

乡老，二乡则公一人。乡大夫，每乡卿一人。州长，每州中大夫一人。党正，每党下大夫一人。族师，每族上士一人。闾胥，每闾中士一人。比长，五家下士一人。

封人：中士四人，下士八人；府二人，史四人，胥六人，徒六十人。

鼓人：中士六人；府二人，史二人，徒二十人。

舞师：下士二人；胥四人，舞徒四十人。

牧人：下士六人；府一人，史二人，徒六十人。

牛人：中士二人，下士四人；府二人，史四人，胥二十人，徒二百人。

充人：下士二人；史二人，胥四人，徒四十人。

载师：上士二人，中士四人；府二人，史四人，胥六人，徒六十人。

闾师：中士二人；史二人，徒二十人。

县师：上士二人，中士四人；府二人，史四人，胥八人，徒八十人。

遗人：中士二人，下士四人；府二人，史四人，胥四人，徒四十人。

均人：中士二人，下士四人；府二人，史四人，胥四人，徒四十人。

师氏：中大夫一人，上士二人；府二人，史二人，胥十有二人，徒百有二十人。

保氏：下大夫一人，中士二人；府二人，史二人，胥六人，徒六十人。

司谏：中士二人；史二人，徒二十人。

司救：中士二人；史二人，徒二十人。

调人：下士二人；史二人，徒十人。

媒氏：下士二人；史二人，徒十人。

司市：下大夫二人，上士四人，中士八人，下士十有六人；府四人，史八人，胥十有二人，徒百有二十人。

质人：中士二人，下士四人；府二人，史四人，胥二人，徒二十人。

廛人：中士二人，下士四人；府二人，史四人，胥二人，徒二十人。

胥师，二十肆则一人，皆二史。贾师，二十肆则一人，皆二史。司虣，十肆则一人。司稽，五肆则一人。胥，二肆则一人。肆长，每肆则一人。

泉府：上士四人，中士八人，下士十有六人；府四人，史八人，贾八人，徒八十人。

司门：下大夫二人，上士四人，中士八人，下士十有六人；府二人，史四人，胥四人，徒四十人。每门下士二人，府一人，史二人，徒四人。

司关：上士二人，中士四人；府二人，史四人，胥八人，徒八十人。每关下士二人，府一人，史二人，徒四人。

掌节：上士二人，中士四人；府二人，史四人，胥二人，徒二十人。

遂人：中大夫二人。遂师：下大夫四人，上士八人，中士十有六人，旅下士三十有二人；府四人，史十有二人，胥十有二人，徒百有二十人。

遂大夫：每遂中大夫一人。县正，每县下大夫一人。鄙师，每鄙上士一人。酇长，每酇中士一人。里宰，每里下士一人。邻长，五家则一人。

旅师：中士四人，下士八人；府二人，史四人，胥八人，徒八十人。

稍人：下士四人；史二人，徒十有二人。

委人：中士二人，下士四人；府二人，史四人，徒四十人。

土均：上士二人，中士四人，下士八人；府二人，史四人，胥四人，徒四十人。

草人：下士四人；史二人，徒十有二人。

稻人：上士二人，中士四人，下士八人；府二人，史四人，胥十人，徒百人。

土训：中士二人，下士四人；史二人，徒八人。

诵训：中士二人，下士四人；史二人，徒八人。

山虞：每大山中士四人，下士八人；府二人，史四人，胥八人，徒八十人。中山下士六人；史二人，胥六人，徒六十人。小山下士二人；史一人，徒二十人。

林衡：每大林麓下士十有二人；史四人，胥十有二人，徒百有二十人。中林麓如中山之虞。小林麓如小山之虞。

川衡：每大川下士十有二人；史四人，胥十有二人，徒百有二十人。中川下士六人；史二人，胥六人，徒六十人。小川下士二人；史一人，徒二十人。

泽虞：每大泽大薮中士四人，下士八人；府二人，史四人，胥八人，徒八十人。中泽中薮如中川之衡。小泽小薮如小川之衡。

迹人：中士四人，下士八人；史二人，徒四十人。

丱人：中士二人，下士四人；府二人，史二人，胥四人，徒四十人。

角人：下士二人；府一人，徒八人。

羽人：下士二人；府一人，徒八人。

掌葛：下士二人；府一人，史一人，胥二人，徒二十人。

掌染草：下士二人；府一人，史二人，徒八人。

掌炭：下士二人；史二人，徒二十人。

掌荼：下士二人；府一人，史一人，徒二十人。

掌蜃：下士二人；府一人，史一人，徒八人。

囿人：中士四人，下士八人；府二人，胥八人，徒八十人。

场人：每场下士二人，府一人，史一人，徒二十人。

廪人：下大夫二人，上士四人，中士八人，下士十有六人；府八人，史十有六人，胥三十人，徒三百人。

舍人：上士二人，中士四人；府二人，史四人，胥四人，徒四十人。

仓人：中士四人，下士八人；府二人，史四人，胥四人，徒四十人。

司禄：中士四人，下士八人；府二人，史四人，徒四十人。

司稼：下士八人；史四人，徒四十人。

舂人：奄二人，女舂抌二人，奚五人。

饎人：奄二人，女饎八人，奚四十人。

槁人：奄八人，女槁，每奄二人，奚五人。

**礼官之属：**

大宗伯，卿一人。小宗伯，中大夫二人。肆师，下大夫四人。上士八人，中士十有六人，旅下士三十有二人。府六人，史十有二人，胥十有二人，徒百有二十人。

郁人：下士二人；府二人，史一人，徒八人。

鬯人：下士二人；府一人，史一人，徒八人。

鸡人：下士一人；史一人，徒四人。

司尊彝：下士二人；府四人，史二人，胥二人，徒二十人。

司几筵：下士二人；府二人，史一人，徒八人。

天府：上士一人，中士二人；府四人，史二人，胥二人，徒二十人。

典瑞：中士二人；府二人，史二人，胥一人，徒十人。

典命：中士二人；府二人，史二人，胥一人，徒十人。

司服：中士二人；府二人，史一人，胥一人，徒十人。

典祀：中士二人，下士四人；府二人，史二人，胥四人，徒四十人。

守祧：奄八人，女祧每庙二人，奚四人。

世妇：每宫卿二人，下大夫四人，中士八人，女府二人，女史二人，奚十有六人。

内宗：凡内女之有爵者。

外宗：凡外女之有爵者。

冢人：下大夫二人，中士四人；府二人，史四人，胥十有二人，徒百有二十人。

墓大夫：下大夫二人，中士八人；府二人，史四人，胥二十人，徒二百人。

职丧：上士二人，中士四人，下士八人；府二人，史四人，胥四人，徒四十人。

大司乐：中大夫二人。乐师，下大夫四人，上士八人，下士十有六人；府四人，史八人，胥八人，徒八十人。

大胥：中士四人。小胥，下士八人。府二人，史四人，徒四十人。

大师：下大夫二人。小师，上士四人。瞽蒙，上瞽四十人，中瞽百人，下瞽百有六十人。视瞭，三百人，府四人，史八人，胥十有二人，徒百有二十人。

典同：中士二人；府一人，史一人，胥二人，徒二十人。

磬师：中士四人，下士八人；府四人，史二人，胥四人，徒四十人。

钟师：中士四人，下士八人；府二人，史二人，胥六人，徒六十人。

笙师：中士二人，下士四人；府二人，史二人，胥一人，徒十人。

铸师：中士二人，下士四人；府二人，史二人，胥二人，徒二十人。

鞮师：下士二人；府一人，史一人，舞者十有六人，徒四十人。

旄人：下士四人；舞者众寡无数，府二人，史二人，胥二人，徒二十人。

籥师：中士四人；府二人，史二人，胥二人，徒二十人。

籥章：中士二人，下士四人；府一人，史一人，胥二人，徒二十人。

鞮鞻氏：下士四人；府一人，史一人，胥二人，徒二十人。

典庸器：下士四人；府四人，史二人，胥八人，徒八十人。

司干：下士二人；府二人，史二人，徒二十人。

大卜，下大夫二人。卜师，上士四人。卜人，中士八人，下士十有六人。府二人，史二人，胥四人，徒四十人。

龟人：中士二人；府二人，史二人，工四人，胥四人，徒四十人。

菙氏：下士二人；史一人，徒八人。

占人：下士八人；府一人，史二人，徒八人。

筮人：中士二人；府一人，史二人，徒四人。

占梦：中士二人；史二人，徒四人。

视祲：中士二人；史二人，徒四人。

大祝，下大夫二人，上士四人。小祝，中士八人，下士十有六人；府二人，史四人，胥四人，徒四十人。

丧祝：上士二人，中士四人，下士八人；府二人，史二人，胥四人，徒四十人。

甸祝：下士二人；府一人，史一人，徒四人。

诅祝：下士二人；府一人，史一人，徒四人。

司巫：中士二人；府一人，史一人，胥一人，徒十人。

男巫，无数；女巫，无数；其师，中士四人，府二人，史四人，胥四人，徒四十人。

大史，下大夫二人，上士四人。小史，中士八人，下士十有六人；府四人，史八人，胥四人，徒四十人。

冯相氏：中士二人，下士四人；府二人，史四人，徒八人。

保章氏：中士二人，下士四人；府二人，史四人，徒八人。

内史：中大夫一人，下大夫二人，上士四人，中士八人，下士十有六人；府四人，史八人，胥四人，徒四十人。

外史：上士四人，中士八人，下士十有六人；胥二人，徒二十人。

御史：中士八人，下士十有六人；其史百有二十人，府四人，胥四人，徒四十人。

巾车：下大夫二人，上士四人，中士八人，下士十有六人；府四人，史八人，工百人，胥五人，徒五十人。

典路：中士二人，下士四人；府二人，史二人，胥二人，徒二十人。

车仆：中士二人，下士四人；府二人，史二人，胥二人，徒二十人。

司常：中士二人，下士四人；府二人，史二人，胥四人，徒四十人。

都宗人：上士二人，中士四人；府二人，史四人，胥四人，徒四十人。

家宗人，如都宗人之数。

凡以神士者无数，以其艺为之贵贱之等。

**政官之属：**

大司马，卿一人。小司马，中大夫二人。军司马，下大夫四人。舆司马，上士八人。行司马，中士十有六人，旅下士三十有二人。府六人，史十有六人，胥三十有二人，徒三百有二十人。

凡制军，万有二千五百人为军。王六军，大国三军，次国二军，小国一军。军将皆命卿。二千有五百人为师，师帅皆中大夫。五百人为旅，旅帅皆下大夫。百人为卒，卒长皆上士。二十五人为两，两司马皆中士。五人为伍，伍皆有长。

一军则二府、六史、胥十人、徒百人。

司勋：上士二人，下士四人；府二人，史四人，胥二人，徒二十人。

马质：中士二人；府一人，史二人，贾四人，徒八人。

量人：下士二人；府一人，史四人，徒八人。

小子：下士二人；史一人，徒八人。

羊人：下士二人；史一人，贾二人，徒八人。

司爟：下士二人；徒六人。

掌固：上士二人，下士八人；府二人，史四人，胥四人，徒四十人。

司险：中士二人，下士四人；史二人，徒四十人。

掌疆：中士八人；史四人，胥十有六人，徒百有六十人。

候人：上士六人，下士十有二人；史六人，徒百有二十人。

环人：下士六人；史二人，徒十有二人。

挈壶氏：下士六人；史二人，徒十有二人。

射人：下大夫二人，上士四人，下士八人；府二人，史四人，胥二人，徒二十人。

服不氏：下士一人；徒四人。

射鸟氏：下士一人；徒四人。

罗氏：下士一人；徒八人。

掌畜：下士二人；史二人，胥二人，徒二十人。

司士：下大夫二人，中士六人，下士十有二人；府二人，史四人，胥四人，徒四十人。

诸子：下大夫二人，中士四人；府二人，史二人，胥二人，徒二十人。

司右：上士二人，下士四人；府四人，史四人，胥八人，徒八十人。

虎贲氏：下大夫二人，中士十有二人；府二人，史八人，胥八十人，虎士八百人。

旅贲氏：中士二人，下士十有六人；史二人，徒八人。

节服氏：下士八人；徒四人。

方相氏：狂夫四人。

大仆，下大夫二人。小臣，上士四人。祭仆，中士六人。御仆，下士十有二人；府二人，史四人，胥二人，徒二十人。

隶仆：下士二人；府一人，史二人，胥四人，徒四十人。

弁师：下士二人；工四人，史二人，徒四人。

司甲：下大夫二人，中士八人；府四人，史八人，胥八人，徒八十人。

司兵：中士四人；府二人，史四人，胥二人，徒二十人。

司戈盾：下士二人；府一人，史二人，徒四人。

司弓矢：下大夫二人，中士八人；府四人，史八人，胥八人，徒八十人。

缮人：上士二人，下士四人；府一人，史二人，胥二人，徒二十人。

槁人：中士四人；府二人，史四人，胥二人，徒二十人。

戎右：中大夫二人，上士二人。

齐右：下大夫二人。

道右：上士二人。

大驭：中大夫二人。

戎仆：中大夫二人。

齐仆：下大夫二人。

道仆：上士十有二人。

田仆：上士十有二人。

驭夫：中士二十人，下士四十人。

校人：中大夫二人，上士四人，下士十有六人；府四人，史八人，胥八人，徒八十人。

趣马：下士，皁一人；徒四人。

巫马：下士二人；医四人，府一人，史二人，贾二人，徒二十人。

牧师：下士四人；胥四人，徒四十人。

廋人：下士，闲二人；史二人，徒二十人。

圉师：乘一人，徒二人。圉人：良马匹一人，驽马丽一人。

职方氏：中大夫四人，下大夫八人，中士十有六人；府四人，史十有六人，胥十有六人，徒百有六十人。

土方氏：上士五人，下士十人；府二人，史五人，胥五人，徒五十人。

怀方氏：中士八人；府四人，史四人，胥四人，徒四十人。

合方氏：中士八人；府四人，史四人，胥四人，徒四十人。

训方氏：中士四人；府四人，史四人，胥四人，徒四十人。

形方氏：中士四人；府四人，史四人，胥四人，徒四十人。

山师：中士二人，下士四人；府二人，史四人，胥四人，徒四十人。

川师：中士二人，下士四人；府二人，史四人，胥四人，徒四十人。

原师：中士四人，下士八人；府四人，史八人，胥八人，徒八十人。

匡人：中士四人；史四人，徒八人。

撢人：中士四人；史四人，徒八人。

都司马：每都上士二人，中士四人，下士八人；府二人，史八人，胥八人，徒八十人。

家司马：各使其臣，以正于公司马。

**刑官之属：**

大司寇，卿一人。小司寇，中大夫二人。士师，下大夫四人。乡士，上士八人，中士十有六人，旅下士三十有二人；府六人，史十有二人，胥十有二人，徒百有二十人。

遂士：中士十有二人；府六人，史十有二人，胥十有二人，徒百有二十人。

县士：中士三十有二人；府八人，史十有六人，胥十有六人，徒百有六十人。

方士：中士十有六人；府八人，史十有六人，胥十有六人，徒百有六十人。

　　讶士：中士八人；府四人，史八人，胥八人，徒八十人。

　　朝士：中士六人；府三人，史六人，胥六人，徒六十人。

　　司民：中士六人；府三人，史六人，胥三人，徒三十人。

　　司刑：中士二人；府一人，史二人，胥二人，徒二十人。

　　司刺：下士二人；府一人，史二人，徒四人。

　　司约：下士二人；府一人，史二人，徒四人。

　　司盟：下士二人；府一人，史二人，徒四人。

　　职金：上士二人，下士四人；府二人，史四人，胥八人，徒八十人。

　　司厉：下士二人；史一人，徒十有二人。

　　犬人：下士二人；府一人，史二人，贾四人，徒十有六人。

　　司圜：中士六人，下士十有二人；府三人，史六人，胥十有六人，徒百有六十人。

　　掌囚：下士十有二人；府六人，史十有二人，徒百有二十人。

　　掌戮：下士二人，史一人，徒十有二人。

　　司隶：中士二人，下士十有二人；府五人，史十人，胥二十人，徒二百人。

　　罪隶：百有二十人。

　　蛮隶：百有二十人。

　　闽隶：百有二十人。

　　夷隶：百有二十人。

　　貉隶：百有二十人。

　　布宪：中士二人，下士四人；府二人，史四人，胥四人，徒四十人。

　　禁杀戮：下士二人；史一人，徒十有二人。

禁暴氏：下士六人；史三人，胥六人，徒六十人。

野庐氏：下士六人；胥十有二人，徒百有二十人。

蜡氏：下士四人，徒四十人。

雍氏：下士二人，徒八人。

萍氏：下士二人，徒八人。

司寤氏：下士二人，徒八人。

司烜氏：下士六人，徒十有二人。

条狼氏：下士六人；胥六人，徒六十人。

修闾氏：下士二人；史一人，徒十有二人。

冥氏：下士二人，徒八人。

庶氏：下士一人，徒四人。

穴氏：下士一人，徒四人。

翨氏：下士二人，徒八人。

柞氏：下士八人，徒二十人。

薙氏：下士二人，徒二十人。

硩蔟氏：下士一人，徒二人。

翦氏：下士一人，徒二人。

赤犮氏：下士一人，徒二人。

蝈氏：下士一人，徒二人。

壶涿氏：下士一人，徒二人。

庭氏：下士一人，徒二人。

衔枚氏：下士二人，徒八人。

伊耆氏：下士一人，徒二人。

大行人：中大夫二人。

小行人：下大夫四人。

司仪：上士八人，中士十有六人。

行夫：下士三十有二人；府四人，史八人，胥八人，徒八十人。

环人：中士四人；史四人，胥四人，徒四十人。

象胥：每翟上士一人，中士二人，下士八人，徒二十人。

掌客：上士二人，下士四人；府一人，史二人，胥二人，徒二十人。

掌讶：中士八人；府二人，史四人，胥四人，徒四十人。

掌交：中士八人；府二人，史四人，徒三十有二人。

掌察：四方中士八人，史四人，徒十有六人。

掌货贿：下士十有六人；史四人，徒三十有二人。

朝大夫：每国上士二人，下士四人；府一人，史二人，庶子八人，徒二十人。

都则：中士一人，下士二人；府一人，史二人，庶子四人，徒八十人。

都士：中士二人，下士四人；府二人，史四人，胥四人，徒四十人。家士，亦如之。

# 《中国珍贵典籍史话丛书》已出版书目

| 序号 | 书名 | 著者 | 定价 | 出版时间 | 条码 |
|---|---|---|---|---|---|
| 1 | 打开西夏文字之门 | 聂鸿音 著 | 48.00 | 2014 年 7 月 | ISBN 978-7-5013-5276-0 |
| 2 | 《文苑英华》史话 | 李致忠 著 | 52.00 | 2014 年 9 月 | ISBN 978-7-5013-5273-9 |
| 3 | 敦煌遗珍 | 林世田 杨学勇 刘 波 著 | 58.00 | 2014 年 9 月 | ISBN 978-7-5013-5274-6 |
| 4 | 康熙朝《皇舆全览图》 | 白鸿叶 李孝聪 著 | 45.00 | 2014 年 9 月 | ISBN 978-7-5013-5351-4 |
| 5 | 慷慨悲壮的江湖传奇 | 张国风 著 | 52.00 | 2014 年 10 月 | ISBN 978-7-5013-5442-9 |
| 6 | 《太平广记》史话 | 张国风 著 | 48.00 | 2015 年 1 月 | ISBN 978-7-5013-5484-9 |

| 7 | 《永乐大典》史话 | 张忱石　著 | 48.00 | 2015 年 1 月 | ISBN 978-7-5013-5493-1 |
| --- | --- | --- | --- | --- | --- |
| 8 | 《玉台新咏》史话 | 刘跃进　原著<br>马燕鑫　订补 | 53.00 | 2015 年 1 月 | ISBN 978-7-5013-5530-3 |
| 9 | 《史记》史话 | 张大可　著 | 52.00 | 2015 年 6 月 | ISBN 978-7-5013-5587-7 |
| 10 | 西夏文珍贵典籍史话 | 史金波　著 | 55.00 | 2015 年 9 月 | ISBN 978-7-5013-5647-8 |
| 11 | 《金刚经》史话 | 全根先<br>林世田　著 | 38.00 | 2016 年 6 月 | ISBN 978-7-5013-5803-8 |
| 12 | 《太平御览》史话 | 周生杰　著 | 45.00 | 2016 年 10 月 | ISBN 978-7-5013-5874-8 |
| 13 | 春秋左传史话 | 赵伯雄　著 | 45.00 | 2016 年 11 月 | ISBN 978-7-5013-5880-9 |
| 14 | 《尔雅》史话 | 王世伟　著 | 38.00 | 2016 年 12 月 | ISBN 978-7-5013-5938-7 |
| 15 | 《广舆图》史话 | 成一农　著 | 48.00 | 2017 年 1 月 | ISBN 978-7-5013-5990-5 |

| 16 | 《齐民要术》史话 | 缪启愉<br>缪桂龙　著 | 45.00 | 2017 年 4 月 | ISBN 978-7-5013-5978-3 |
|---|---|---|---|---|---|
| 17 | 《淳化阁帖》史话 | 何碧琪　著 | 55.00 | 2017 年 4 月 | ISBN 978-7-5013-6055-0 |
| 18 | 《四库全书总目》：<br>前世与今生 | 周积明<br>朱仁天　著 | 58.00 | 2017 年 4 月 | ISBN 978-7-5013-5926-4 |
| 19 | 《福建舆图》史话 | 白鸿叶<br>成二丽　著 | 40.00 | 2017 年 12 月 | ISBN 978-7-5013-5979-0 |
| 20 | 《孙子兵法》史话 | 熊剑平　著 | 50.00 | 2018 年 1 月 | ISBN 978-7-5013-6312-4 |
| 21 | 《诗经》史话 | 马银琴<br>胡　霖　著 | 50.00 | 2019 年 4 月 | ISBN 978-7-5013-6691-0 |
| 22 | 《夷坚志》史话 | 许逸民　著 | 24.00 | 2019 年 4 月 | ISBN 978-7-5013-6687-3 |
| 23 | 《唐女郎鱼玄机诗》<br>史话 | 张　波　著 | 62.00 | 2019 年 4 月 | ISBN 978-7-5013-6663-7 |
| 24 | 《吕氏春秋》史话 | 张双棣　著 | 40.00 | 2019 年 5 月 | ISBN 978-7-5013-6685-9 |

# 国家图书馆出版社简介

国家图书馆出版社 1979 年成立，原名"书目文献出版社"，1996 年更名为"北京图书馆出版社"，2008 年改为现名。

本社是文化和旅游部主管、国家图书馆主办的中央级出版社。2009 年 8 月新闻出版总署首次经营性图书出版单位等级评估定为一级出版社，并授予"全国百佳图书出版单位"称号。2014 年被全国哲学社会科学规划办公室评定为"国家社科基金后期资助项目推荐申报出版机构"。

建社四十年来，形成了两大专业出版特色：一是整理影印各种稀见历史文献；二是编辑出版图书馆学和信息管理科学著译作，出版各种书目索引等中文工具书。此外还编辑出版各种文史著作和传统文化普及读物。